From Thales To Sartre

서양철학자
33인의 이야기

From Thales To Sartre

서양철학자
33인의 이야기

다문독서연구회 엮음

서양철학자 33인의 이야기

From Thales To Sartre

박은날/1995년 6월 10일 초판 1쇄
펴낸날/1995년 6월 20일 초판 1쇄

엮은이/다문독서연구회

펴낸이/김영진

편집디자인/박유정

표지디자인/박유정

펴낸곳/도서출판 다문
주소/서울시 성북구 보문동 4가 90-4
전화/(02)924-1140(영업부), 924-1146(편집부)

팩스/(02)924-1147

등록일/1989년 5월 10일
등록번호/제6-85호

ISBN 89-7149-220-5 03840

※책값은 표지의 뒷면에 있습니다.

서양철학자 33인의 이야기

Contents

탈레스 Thalēs ··· 7
프로타고라스 Protagoras ··· 13
소크라테스 Sōkratēs ··· 18
플라톤 Platōn ··· 26
아리스토텔레스 Aristotelēs ··· 33
에피쿠로스 Epikouros ··· 40
제논 Zēnōn ho Kupros ··· 45
모세 Moses ··· 51
바울 Paulos ··· 57
아우구스티누스 Aurelius Augustinus ··· 63
토마스 아퀴나스 Thomas Aquinas ··· 69
피코 델라 미란돌라 Pico della Mirandola ··· 75
마키아벨리 Niccolo Machiavelli ··· 81
마틴 루터 Martin Luther ··· 87
칼뱅 Jean Calvin ··· 93
베이컨 Francis Bacon ··· 99
데카르트 René Descartes ··· 105
파스칼 Blaise Pascal ··· 111
로크 John Locke ··· 117
루소 Jean Jacques Rousseau ··· 123
칸트 Immanuel Kant ··· 130
벤담 Jeremy Bentham ··· 136

서양철학자 33인의 이야기

Contents

헤겔 Georg Wilhelm Friedrich Hegel ··· 142
쇼펜하우어 Arthur Schopenhauer ··· 148
밀 John Stuart Mill ··· 153
키에르케고르 Sören Kierkegaard ··· 159
제임스 William James ··· 165
니체 Friedrich Wilhelm Nietzsche ··· 172
듀이 John Dewey ··· 179
슈바이처 Albert Schweizer ··· 184
야스퍼스 Karl Jaspers ··· 189
하이데거 Martin Heidegger ··· 195
사르트르 Jean-Paul Sartre ··· 200

탈레스

Thalēs

(기원전 624~546년경)

　탈레스라고 하면 '철학의 아버지'로서 유명하지만, 그는 또한 상품의 전매(專賣), 지금으로 말하면 '매점(買占)'의 원조이기도 하다. 아리스토텔레스가 《정치학》(제1권 11장)에서 다음과 같은 이야기를 전하고 있다.
　탈레스가 가난하므로 철학은 아무 쓸모가 없는 것이라고 그를 비난한 사람이 있었다. 그래서 그는 천문학으로 궁리하여 내년에는 올리브가 풍작일 것이라는 사실을 알고, 약간의 돈을 마련하여 계약금을 주고 밀레토스와 키오스에 있는 모든 올리브 공장을 빌렸다. 때는 아직 겨울이라 경쟁하는 사람이 없었기 때문에 아주 싸게 빌릴 수 있었다. 이윽고 올리브의 수확철이 오자 많은

탈레스

사람들이 동시에 갑자기 이들 공장을 구했기 때문에, 그는 자기 좋을 대로 돈을 받고 빌려 주었다. 이렇게 그는 단번에 거액의 돈을 벌었다. 그래서 철학자로서, 만일 그가 원한다면 부자가 되는 일은 쉽지만, 그러나 그런 일은 철학자의 고려할 바는 아니라는 사실을 보여주었다는 것이다.

다만, 아리스토텔레스는 이 이야기에 대해 '이것은 취재상 하나의 궁리이며 탈레스의 지혜에 대한 평판이 높기 때문에 그에게 돌려지고 있지만, 실은 일반에게 적용될 수 있는 것이다'라고 말하고 있다. 따라서 탈레스가 그렇게 돈을 벌었는지는 명확하지 않다. 그 '지혜 때문에' 탈레스에게 돌려졌다고 생각되는 이야기가 많이 남겨져 있으므로, 이 올리브 공장의 이야기도 그런 많은 이야기 중의 하나일지도 모른다. 탈레스라는 사람은 실로 다양한 일화를 남기지만, 그 생애나 사상 등은 별로 분명하지 않은 인물이다.

사상사(思想史)에서 '최초의 자연 철학자'로 여겨지는 탈레스는, 전해지는 바에 의하면, 제35 올림피아 제년의 첫해(기원전 640년)에 에쿠사뮤아스와 클레오브리네의 아들로 밀레토스시에서 태어났다. 밀레토스시는 그리스인이 소아시아의 이오니아 지방에 건설한 12개에 이르는 식민 도시 중의 하나로 그 당시에는 가장 강대한 도시의 하나였다.

탈레스의 일생에 대해서는 거의 아무것도 알려져 있지 않지만, 그 생애에 관해서는 여러 가지 재미있는 이야기가 전해지고 있으며, 그들에 따라 실로 다양한 탈레스상(像)이 묘사되어 왔다. 다음에 그 중 몇 개를 열거해 본다.

우선 탈레스가 일식을 예언했다고 하는 이야기는 유명하다. 이 예언은 메디아국과 리디아국이 전쟁을 하고 있었을 때 실현된 것 같다. 그리고 양국은 전투가 한창일 때 갑자기 낮이 밤으로 된 것을 두려워하여 오랫동안의 전쟁을

탈레스

멈추고 강화를 맺었다고 전해지고 있다. 현대 천문학자의 계산에 의하면, 이 일식은 기원전 585년 5월 28일에 일어난 것이라고 한다. 따라서 일식을 예언해서 유명하게 된 탈레스는 대개 이 시대에 활약하였던 것이 된다.

탈레스는 무엇보다 우선 철학자로 그 이름이 알려졌지만, 천문학자로서도 자주 화제에 오른 인물이다. 그는 천문학을 연구한 최초의 사람이며, 일식을 예언한 것뿐 아니라 지점(至點 : 동지점과 하지점)을 정하거나, 그 지점으로부터 지점으로의 태양 코스를 결정하거나, 태양이나 달의 크기를 계산했다고도 한다. 이런 구전은 더욱이 탈레스가 사계(四季)를 발견하여 1년을 365일로 나누었다고 하는 이야기까지 덧붙이고 있다. 또 다른 이야기에 의하면, 그는 작은곰자리의 발견자이며, 페니키아인들이 대양을 항해할 때 의지하는 북두칠성이라고 불리는 작은 별의 코스를 확실하게 한 최초의 사람이기도 하다.

그의 천체 관측에 관해서는 다음과 같은 재미있는 이야기가 전해지고 있다. 어느 별이 고운 밤, 장난꾸러기 조수를 데리고 별을 관측하기 위해 하늘을 쳐다보며 걷던 탈레스가 우물에 빠져 도움을 청했지만, 그 외침을 듣고 조수가 '탈레스 씨, 당신은 발밑에 있는 것도 볼 수 없으면서 어째서 하늘의 일에 대해 무엇을 알려고 하십니까?'라며 조롱했다는 것이다. 이 에피소드는 탈레스 또는 그에 의해 대표되는 '철학자'의 '초연한 성격'을 나타내는 것으로 자주 이야기되고 있다. 탈레스는 수학자로서도 유명하다. 그는 원이 직경에 의해 2등분되는 것을 증명하거나 두 직선이 서로 교차할 때 맞꼭지각은 같다라는 정리를 발견한 최초의 사람이었다고도 한다. 그러나 물론 진위는 분명하지 않다.

탈레스

탈레스는 '최초의 수학자'였기 때문에 어떠한 스승도 갖지 못했다. 그러나 이집트에 가서 그 곳의 사제들과 잠시 생활을 함께 하며 그들로부터 여러 가지 지식을 배운 것 같다. 다음과 같은 이야기가 남아 있다. 그는 사람의 그림자가 그 사람 자신과 같은 길이로 되었을 때 피라미드가 비추는 그림자를 측정함으로써 피라미드 그 자체의 높이를 측정했다고 한다. 그리고 탈레스는 이집트로부터 기하학(또는 측지학)이라는 과학을 그리스인들에게 가지고 돌아온 것으로 전해지고 있다.

탈레스라고 하면 그리스 7현인 중의 한 사람이기도 하다. 7현인이라는 것은 기원전 7~6세기 사회 변동기에 그 사상과 언행에 의해 그리스 사회의 모범적 인물로 존경을 받던 7인의 철학자, 입법자, 지배자 등을 말하는데, 7인의 명단 작성은 아직도 완성되지 못했다. 그것은 이 명단 작성자들이 자신의 사상적인 또는 문화적인 견해의 차이에 기인하며 마음껏 인명을 바꿔 넣거나 하기 때문일 것이다. 그러나 어떤 경우에도 탈레스가 빠지는 일은 없을 것이라고 해도 좋다. 그리고 그 현인으로서의 탈레스에 대해서도 재미있는 에피소드가 남아 있다.

어느 이오니아 지방의 젊은이가 밀레토스시의 어부로부터 한 그물의 생선을 사려고 하였다. 그물을 끌어올려 보니 그물 속에는 많은 생선과 함께 황금 삼각대가 들어 있었다. 사건은 이 황금 삼각대를 젊은이와 어부가 서로 자신의 것이라고 주장함으로써 일어났다. 이 분쟁은 해결되지 않은 채 드디어 밀레토스시의 법정에 제기되었으나 여기서도 판결하기가 어려워 밀레토스인들은 사자를 그리스 본토 델피에 보내 아폴로 신에게 신탁(神託)을 들은 결과, 신은 '그것은 가장 지혜로운 자에게 속한다'라고 응답을 받았다고 한다. 그래

탈레스

서 밀레토스인들은 이 황금 삼각대를 젊은이나 어부에게 주지 않고 밀레토스시의 탈레스에게 주었다. 그러나 탈레스는 그가 '가장 지혜로운 자'라고 생각하는 다른 사람에게 그것을 주었다. 이렇게 해서 몇 사람의 손을 거쳐 결국 그것은 아테네의 소론에게 왔다. 그러자 소론은 신이야말로 가장 지혜로운 자라고 하여 그것을 델피 신전에 봉납하였다고 한다. 그리고 이 이야기 중에 나오는 황금 삼각대를 순서대로 받은 사람들이 그리스의 7현인이라는 것이다. 하긴 이와 유사한 이야기는 대단히 많이 남아 있어서 어느 것이 '이야기의 원형'인지는 분명하지 않다.

탈레스는 결혼하여 아들을 하나 두었다고 한다. 또 일설에 의하면, 결혼은 했지만 자녀가 없었으므로, 어떤 친구가 '왜 자신의 자녀를 두지 않는가?'라고 물었을 때, 그는 '왜냐하면 아이를 사랑하기 때문이다'라고 대답했다고 전해지고 있다. 결국 자식이 없는 채로 누이의 자식을 양자로 삼았다고도 한다.

탈레스의 결혼에 대해서는 다음과 같은 이야기도 있다. 그의 모친이 그에게 아내를 맞도록 권했을 때 '결혼은 아직 이르다'라고 대답했다. 모친은 아직 이르다고 하니 잠시 기다렸다가 다시 한 번 결혼을 권해 보았더니 이번에는 '결혼은 너무 늦었다'라며 회피했다고 한다. 만일 이 이야기가 사실이라면 탈레스는 결혼하지 않았던 것이다. 어쨌든 그 진상은 잘 알려져 있지 않다.

탈레스는 항상 삶과 죽음 사이에는 어떤 상위(相違)도 존재하지 않는다고 주장하였다. 그런데 어느날 어떤 사람이 '그러면 왜 당신은 죽지 않는 것입니까?'라고 물었더니, 그는 '왜냐하면 아무런 차이도 없기 때문이다'라고 대답하였다고 한다.

탈레스는 78세로 죽었으며, 다른 이야기에 의하면, 90세에 죽었다고도 한

탈레스

다. 또 제58 올림피아 제년(기원전 548~545년)에 죽었다고도 전해지고 있다. 운동 경기를 보고 있었을 때 더위와 갈증과 고령에 따르는 쇠약함으로 죽었다고 하나 물론 정확한 것은 알려져 있지 않다. 그의 묘지의 비문에는 다음과 같이 쓰여 있다고 한다.

여기 좁은 묘 안에 위대한 탈레스 잠들다.
그러나 그의 지혜에 대한 명성은 모든 하늘에까지 달하였다.

프로타고라스

Protagoras

(기원전 481~411년경)

그리스인이 즐기는 운동의 하나로 '투창'이 있다. 어느날 한 남자가 던진 창에 구경꾼이 맞아 죽었다. 그때 올바른 추리에 따르면, 이 재난의 원인을 창으로 하는가, 던진 사람으로 하는가, 그렇지 않으면 경기의 심판자로 하는가에 대해 당시 유명한 소피스트였던 프로타고라스는 상대방에게 만 하루를 소비한 논의를 하였다고 한다. 이것은 《플루타크 영웅전》(《페리클레스》 36) 중에서 볼 수 있는 이야기이지만, 유감스럽게도 그때 행한 논의의 내용에 관해서는 아무것도 전해지지 않고 있다.

장 폴 듀몬은 《그리스 철학》이라는 작품 중에서 이 논의의 내용을 다음과

프로타고라스

같이 추리하고 있다.

'프로타고라스는 여러 가지 서로 다른 관점을 구별하려고 한다. 의사의 입장에서 보면 창이 명백하게 죽음의 직접적인 원인이며, 심판으로서는 던진 사람에게 책임이 있고, 관리의 입장에서는 비난해야 할 것은 장내 담당이다. 따라서 이 문제를 해결하려면 보편적인 관점이 되는 것을 버려야 한다. 진실한 언설(言說), 즉 올바르고 절대적으로 정확한 언설이 존재한다고 해도 그것을 발견할 수는 없다고 하는 것이 프로타고라스의 견해이다. 이리하여 상대성의 범주가 철학에 도입된다. 현재를 측정하는 척도는 언설이다라는 의미이다.'

그리고 듀몬은 이런 추리에 의해 프로타고라스의 '만물의 척도는 인간이다'라는 유명한 명제에 해석을 부여하고 있다.

프로타고라스는 아루데몬의 아들로, 또는 일설에 의하면, 마이안드리오스의 아들로 트라키아 지방의 압델라에서 태어났다. 데오스에서 태어났다는 설도 있다.

후에 '압델라인'이라고 하면 고대인 사이에서는 '멍텅구리'라는 의미를 갖게 되었지만, 얄궂게도 이 프로타고라스라는 사람은 스스로 자신을 '지혜자'(소피스트)라고 부른 인물이다. 플라톤에 의하면, '당당하게 그리스 전토의 사람들을 향해 자신을 선전하고 스스로 소피스트라고 자기 이름을 대며 교육과 덕의 교사인 점을 나타내서 그 보수를 취하는 것이 올바르다고 생각한 최초의 사람'이었다고 한다.

현재 '소피스트'라고 하면 '궤변가'를 의미하는 말이지만, 원래 그런 나쁜 의미를 갖고 있었던 것은 아니다. 러셀은 현재 우리들이 '교수'라고 부르는 말로 의미하고 있는 것이 가장 가까운 뜻일 것이라고 말하고 있다. 사실 소피

프로타고라스

스트라는 것은 실생활에 유용하다고 생각되는 일을 청년에게 가르쳐서 생계를 유지하였던 사람들이었다. 따라서 소피스트는 오늘날 교사의 원조이다. 다만, 그 당시는 아직 교육을 위한 공공 시설이 존재하지 않았기 때문에 소피스트들은 사유 재산이 있는 사람이나 양친이 부유한 자제만을 가르쳤다. 그런 일이 그들에 대한 편견을 증대시킨 원인의 하나가 되었다.

프로타고라스가 태어난 압델라는 데모크리토스의 고향이기도 하다. 데모크리토스라고 하면 고대 원자론의 완성자로 유명하며, 프로타고라스는 이 데모크리토스 밑에서 배웠다는 이야기가 남아 있다. 물론 진상은 분명하지 않다.

듀몬에 의하면, 프로타고라스는 인생의 도상에서 여러 번 운명의 변화를 겪고 그것이 이 세상 사물의 상대성에 대해 완전히 개성적인 관념을 불어넣었다고 한다. 그는 운반인이 화물을 나를 때 사용하는 어깻바대를 고안하였으며, 그것은 그 자신이 운반인이었기 때문이라는 이야기가 남겨져 있다. 또 그가 대단히 능숙하게 목재 다발을 묶고 있는 모습을 데모크리토스가 보았다는 이야기도 있다.

그러나 곧 '지혜'(소피아)를 숙달한 프로타고라스는 이윽고 그리스의 모든 도시를 끊임없이 순회 강연을 하면서 생애를 보내게 된다. 그리고 실제 능률과 높은 지적 교양을 원하는 사람들에게 수업료를 받고 가르쳤으며, 그때 100 무나의 보수를 요구한 최초의 사람이었다고 한다. 이 수업료에 관해서는 실로 재미있는 이야기가 전해지고 있다. 프로타고라스는 어떤 청년을 가르칠 때에 그 청년이 최초의 소송에 이기면 수업료를 받는다는 조건을 달았다. 지면 수업료는 필요 없다는 뜻이다. 그런데 프로타고라스는 아직 소송이 끝나기도 전에 그 보수를 요구하므로 청년은 '저는 아직 소송에 이기지 않았습니다'라고

프로타고라스

항변하였더니, 프로타고라스는 '아냐, 만일 네가 이기면, 나는 보수를 받을 수 없다. 왜냐하면 네가 이겼기 때문에. 그리고 만일 내가 너에게 대해 이 소송을 이기면, 나는 그 이겼다는 사실로 보수를 받아야 한다'고 대답했으며, 그렇게 말한 것은 그 청년의 최초의 소송이라고 하는 것이 프로타고라스가 수업료를 회수하기 위해 스스로 제기한 소송이었던 것이다.

프로타고라스는 두 번 아테네를 방문하였다. 러셀의 추정에 의하면, 두 번째의 방문은 기원전 432년 이후는 아니라는 것이다. 또 기원전 444년~443년에 걸쳐 프로타고라스는 남이탈리아 동해안에 건설된 신도시 투리오이의 헌법을 기초하였다는 기록도 있다. 아마도 그의 족적은 지중해 각지의 그리스인 도시까지도 미쳤다고 생각된다. 그리고 그 중에서도 아테네에서는 높은 존경을 받고 아테네 민주 정치의 완성자였던 페리클레스나 비극 시인인 에우리피데스 등도 그에게 교제를 원했다고 전해진다. 그러나 그를 후에 아테네에서 추방한 것도 같은 아테네인들이었다.

프로타고라스가 대중의 앞에서 읽은 그 자신의 최초의 저작은 ≪신에 관하여≫라는 것이었다. 그는 그것을 아테네에 있는 에우리피데스 집에서인지, 아니면 메가크리테스의 집에서 읽었다. 그러나 다른 설에 의하면, 읽은 장소는 리케이온이었다고도 한다. 이 문서의 서두에는 다음과 같이 쓰여 있다.

'신들에 대해서는 그들이 존재한다는 것도 존재하지 않는다는 것도 또한 그 모습이 어떤 것일까 하는 것도 알 수 없다. 왜냐하면 그것을 알 수 없도록 방해하는 것이 많기 때문이다. 즉, 그것을 지각할 수 없을 뿐만 아니라 인간의 생명도 짧기 때문이다.'

그런데 이 서두 부분이 프로타고라스의 무신앙의 표명이라는 이유로 아테

프로타고라스

네인들은 그를 추방해 버렸다고 한다. 그것만이 아니다. 그들은 전령을 보내 프로타고라스의 저작을 복사해서 갖고 있던 사람들로부터 모아서 시장에서 태워 없앴다는 것이다. 러셀에 의하면, 프로타고라스가 무신앙의 이유로 고발당했다는 전설은 아무래도 사실이 아니라는 것이다. 그리고 프로타고라스는 신들이 존재하는지 여부는 몰랐지만 신들을 숭배해야 한다는 확신을 갖고 있었다고 한다.

프로타고라스의 최후에 대해서도 이설(異說)이 많다. 그는 여행중에 죽었다는 설이 있다. 또 무신론의 이유로 고발되어 시칠리아 섬으로 도망가는 도중에 배가 침몰하여 죽었다는 설도 있다. 게다가 시칠리아 섬에 무사히 도착해서 만년에도 그 곳에서 의연하게 명성을 떨쳤다는 설도 전해지고 있다. 물론 진상은 알 수 없다. 사망했을 때의 연령에 대해서도 정설은 없다. 90세였다는 기록이 있다. 또는 70년간 생존했으며, 40년간은 소피스트로 생활하고 올림피아 제년 제84기(기원전 444~441년)가 전성기였다는 기록도 남아 있다. 분명한 것은 아무것도 알려져 있지 않다. 항상 소크라테스나 플라톤에 의해 논박당한 인물이라는 형으로서만 구전되어 왔기 때문일 것이다.

프로타고라스는 각각의 사항에 대해 서로 상반되는 언론(言論)이 있다고 말한 최초의 사람이었다. 아리스토텔레스에 의하면, 약한 이론을 강한 이론으로 만드는 방법을 가르친 인물이었다. 그는 마치 현대의 변호사처럼 어떤 의견에 마주치면 그것을 어떻게 지지하는가 또는 반론하는가라는 것만을 가르치고, 자신들 독자의 결론을 내는 일에는 전혀 관심을 갖지 않았다. 이렇게 프로타고라스와 같은 소피스트들이 아테네 사람들로부터 전폭적인 명성을 획득하고 최대의 영예를 얻었을 무렵 그리스 최대의 소피스트 소크라테스가 등장한다.

소크라테스

Sōkratēs

(기원전 470~399년경)

　그리스의 희극 작가로서 유명한 아리스토파네스에게 ≪구름≫이라는 작품이 있으며, 그 가운데 소크라테스가 등장한다.

　아들의 도박 때문에 막대한 빚을 진 사람이 그 아들을 소크라테스 학교에 보내 그 곳에서 약한 이론을 강한 이론으로 만드는 변론술을 배우게 하여 법정에서 채권자들을 설복하려고 생각하였다.

　그런데 아들은 부자가 다툴 때 부친을 구타하고 게다가 그것을 정당화하는 변론을 전개하였다. 이 결과에 노한 부친은 모든 책임을 소크라테스에게 덮어 씌우고 결국 소크라테스의 학교에 불을 질러 태워 버렸다.

소크라테스

아리스토파네스의 경우는 소크라테스에게 적대하는 입장에서 상당히 익살맞게 묘사함으로써 사람들의 무지를 기화로 '사상 조작점'을 개업하고 있는 궤변가라는 소크라테스상을 그리고 있다. 따라서 이 《구름》을 자료로 이용할 수는 없다. 그러나 당시의 사람들이 소크라테스를 어떻게 보고 있었나를 알 수 있는 재미있는 작품이다.

소크라테스는 기원전 470~469년경 아테네 교외에 있는 아로페케구에서 태어났다. 그가 태어났을 때 거리의 사람들은 악마를 쫓아내는 의식을 하고 있었다고 한다. 또 데로스 섬에서는 산파술의 여신 알테미스나 아폴로 신의 탄생을 축하하는 축제가 열리고 있었다고 전해지고 있다. 아버지인 소프로니코스는 조각가이며 어머니인 파이나레테는 산파였다.

어떤 전설에 의하면, 소크라테스는 젊을 때 부친의 직업을 이어서 조각가가 된 것 같다. 이렇게 말하는 것은 '옷을 입은 카리스'라는 미의 여신 군상(群像)이 그의 작품이라고 하는 사람이 있기 때문이다. 이 군상은 아크로폴리스 입구의 앞에 있었으며, 그 후 2세기에도 볼 수 있었다고 전해지고 있다.

그 밖에 소크라테스는 노예의 신분으로 떨어졌으나 크리톤에 의해 해방되었던가 또는 고리 대금업자였다는 전설도 있다. 그러나 모든 진상은 확실하지 않다. 어쨌든 이후 소크라테스는 어머니의 직업을 받아들인다. 다만, 사람의 자식을 받아 주는 산파가 아니고 영혼의 자식을 받아 주는 사람이었다.

소크라테스는 당시 아테네 청년이 받는 보통 교육을 받았던 것으로 생각된다. 기하학, 천문학 그리고 자연학 등의 고등 교육도 받았던 것 같다. 나이를 먹어서도 '모르는 것을 배우는 일은 조금도 이상한 일이 아니다'라고 하며 류라(현악기)를 배웠다고 한다. 또한 댄스를 배웠다고도 한다. 그러나 소크라테

소크라테스

스에게 학문을 가르친 스승이 누구인지 확인하는 일은 현재 몹시 곤란한 일로 되어 있다.

그는 중무장한 보병으로 세 번 전쟁에 참가하였다. 첫째는 펠로포네소스 전쟁의 첫무렵, 아마 기원전 432년~429년까지 토라케 지방의 포티다이아에 출전한 듯하다. 여기서 부상당해 목숨이 위태로웠던 전우인 아르키비아테스를 구조했지만, 그러나 전공상을 주어야 할 사람은 아르키비아테스이지 자신은 아니라고 주장했다고 한다. 아르키비아테스는 소크라테스에 대해 '고생을 감당할 힘에 있어서는 전군 가운데 그를 당할 자가 없었다'라고 말하고 있다. 더욱이 그는 전쟁중임에도 불구하고 사색에 빠진 채 24시간이나 같은 장소에서 움직이지 않아서 어이없이 그를 바라보던 병사들조차 정신을 차리지 못했다고 한다.

기원전 424년에는 델리온의 전쟁에 참가하였다. 이 전쟁에서 아테네 군은 델피에게 타격을 당했지만, 소크라테스와 마찬가지로 중무장 보병으로 출전했던 라케스는 '그때 다른 사람들도 소크라테스처럼 행동했더라면 결코 패배하지 않았을 것이며 조국의 명성을 올렸을 것이다'라고 회상하고 있다. 말에 깔려 나오지 못하게 된 크세노폰의 목숨을 구한 것도 이때의 일이다. 소크라테스는 크세노폰을 궁지에서 데리고 나가 먼 거리를 어깨에 메고 걸어서 간신히 적군으로부터 도망쳤다고 한다.

기원전 422년에도 그는 암피폴리스의 전쟁에 출정하였으나 자세한 것은 알려지지 않는다. 그러나 전쟁의 위기에서는 어떤 경우도 항상 용감하였다고 한다. 또 그는 중무장 보병으로 출정했으며, 이 중무장 보병이라는 것은 기사에 다음가는 것으로 일정한 재산이 있어야 했으므로, 만년은 빈곤하게 되었던

소크라테스

소크라테스도 이 무렵은 아직 부모에게서 물려받은 재산을 갖고 있었을 것으로 생각된다.

기원전 406년 소크라테스는 500인 평의회원의 일원이 되었다. 이 해에 아테네 해군은 알기사이 제도의 해전에서 스파르타 해군에 대승을 하였지만, 폭풍 때문에 부상당한 아군 승무원을 건져 올리지 못했다. 이 때문에 지휘관들은 책임을 물어 법정에 나서게 되었다. 그리고 그때 인민과 고발자는 모든 장군을 일괄하여 단지 1회의 판결로 단죄하려고 생각하였으며, 이것은 피고인마다 판결할 것을 요구하는 아테네 법률에 위반되는 것이었다. 그래서 소크라테스는 감연히 그들에게 반대하여 마침내 단 한 사람 최후까지 양보하지 않았다고 한다. 다만, 그의 주장은 통하지 않고 다음날 일괄 표결에 의해 전원 사형이 확정되었다.

펠로폰네소스 전쟁은 아테네의 무조건 항복으로 끝나고 머지 않아 스파르타 원조 아래 아테네에는 30인 참주의 독재 정치가 행해지게 되었다. 이 참주 중 한 사람이 어느날 소크라테스를 불러서 살라미스 사람인 레온이라는 남자를 사형에 처하기 위해 포박해 오라고 명령했다. 그러나 소크라테스는 그것을 위법으로 생각하였으므로 명령에 따르지 않았다. 그러므로 만일 30인 정권이 곧 무너지지 않았으면, 그는 그 일로 사형당했을 것이라고 한다.

소크라테스 부인의 이름은 크산티페라고 하며, 예로부터 악처의 대명사로 되어 있다. 과거, 현재, 미래를 통해 가장 참을성이 없는 여자라는 평판도 남아 있다. 실제로 크산티페는 앙알거리는 여자로 유명했고 항상 아우성을 치고 남편인 소크라테스에게 물을 마구 뿌리거나, 손님이 식사에 초대되어 왔을 때 식탁을 뒤엎거나, 시장에서 남편의 옷을 잡아 벗기려고 한 일화에 부족하

소크라테스

지 않지만, 그러나 적이 후세 사람의 과장도 있는 것 같다. 결혼이 독신보다 좋은가 어떤가 하고 질문하면 소크라테스는 '어느 쪽이라도 후회하게 마련이오'라고 답했다고 한다.

일설에 의하면, 소크라테스는 동시에 두 사람의 부인이 있었다고 한다. 한 사람은 크산티페로 거리의 여자였다. 다른 한 사람은 의인 아리스테데스의 딸(손녀라는 설도 있다)인 뮤르토로 이쪽은 정식 결혼이었다고 한다. 이 이중결혼설에는 다음과 같은 설명이 붙어 있다. 아테네는 일부 일처제였지만, 전쟁과 전염병으로 저하된 아테네 인구의 출생률을 증대시키기 위해 아테네인에게 일부 다처를 권장한 예외적인 명령이 내려져서 소크라테스도 이것을 충실히 지켰다는 것이다. 그러나 아마 후세의 사람들이 받아들이기에 부족한 꾸민 이야기일 것으로 생각된다.

소크라테스에게는 3명의 자식이 있었다. 그들은 뮤르토의 아들과 크산티페의 아들이었다는 전설도 있지만, 확실한 것은 전혀 알려져 있지 않다.

그는 많은 젊은이들에게 존경을 받았으며, 그들 가운데 한 사람으로 카이레폰이라는 대단한 소크라테스의 숭배자가 있었다. 어느날 이 남자가 델피의 아폴론 신전에서 '소크라테스보다 훌륭한 지혜가 있습니까?'라고 신탁을 청했더니 무녀를 통해 그 이상으로 지혜가 있는 자는 없다라는 대답을 얻었다고 한다. 처음 이 이야기에 당황했던 소크라테스는 깊이 생각한 끝에 스스로 지혜롭다고 생각하는 사람이나 사람들로부터 그렇다고 생각되는 유명인들을 한 사람씩 방문해서 그들로부터 이야기를 들어서 진정한 지자(知者)는 어떤 사람인가를 검토하였다. 그리고 그 결과 그는 다음과 같은 사실을 알았다고 한다.

소크라테스

　어쨌든 자신이 그들보다 현명하다. 왜냐하면 그들은 아무것도 모르면서 무엇을 알고 있다고 믿고 있고, 자신은 아무것도 모르지만 알고 있다고 생각하고 있지 않기 때문이다. 그러므로 자신은 적어도 자신이 모르는 것을 안다고는 생각하지 않으므로 그들보다 지혜에 있어서 약간 우월하다고 생각된다.
　이것이 유명한 소크라테스의 '무지의 지혜'이다. 이렇게 신탁의 의미를 사람들에게 무지를 자각시키는 일에 있다고 깨달은 그는 이윽고 가두에 나가 대화를 시도하며 자기의 무지를 자각함으로써 진정한 지혜를 탐구한다는 사실을 사람들에게 권장하였다. 소크라테스 자신은 다른 사람들의 영혼을 보살피는 '산파'가 되었다는 뜻이다.
　다만, 소크라테스의 대화라는 것은 자주 상대를 빈틈 없이 몰아세우는 결과가 되는 것 같다. 그 때문에 상대가 노해서 소크라테스를 구타하거나 머리털을 잡아뜯는 일도 있었다고 한다. 설사 그렇지는 않아도 업신여겨져서 조롱당하는 일이 많았던 것으로 생각된다. 그러나 그는 그런 모든 것을 참고 견뎠다. 어느날 상대방에게 채여도 역시 참고 있으므로 보고 있던 사람이 어이없어 하니 '당나귀에 채였다고 해서 재판을 거는 사람이 있을 것인가'라고 말했다고 한다. 그리고 이 이야기에도 친절한 결말이 붙어 있다. 그것에 의하면, 소크라테스의 이 말을 들은 상대 남자는 자신이 한 행동을 깊이 뉘우치고 자살해 버렸다는 것이다.
　그러나 소크라테스의 그런 활동은 머지 않아 일부 경박한 사람들의 증오와 반감을 초래하여 드디어 그는 고소당하게 된다. 때는 기원전 399년 늦봄 소크라테스가 70세가 되었을 때이다. 고소인은 젊은 시인인 멜레토스였으며, 그의 변호인은 정치가이며 실업가인 아뉴토스와 변론가인 류콘이었다. 그러나

소크라테스

　소송의 중심은 아뉴토스였던 것 같고 그는 정말로 진지하게 소크라테스를 위험 인물로 간주한 것 같다. 고소 이유는 다음과 같은 것이었다.
　'소크라테스는 폴리스가 인정하는 신들을 믿지 않고 신기한 제사를 도입했기 때문에, 또 청년들을 타락시켰기 때문에 죄를 범한 것이며 그 죄에 대해 사형을 요구한다.'
　추첨으로 선출된 아테네 시민 500인으로 구성된 재판소의 법정에서 소크라테스는 고소가 사실 무근임을 변명하였다. 이때의 변명이 유명한 '소크라테스의 변명'이다. 그러나 투표 결과는 60표의 근소한 차이로 유죄로 결정되었다. 마지막으로 고소인이 요구한 사형에 대해 소크라테스는 자신이 적당하다고 생각하는 형벌을 신청하게 되었으며, 이때 그는 국가의 공로자와 같이 국비에 의해 향응되기를 요구하였다. 그러나 결국은 친구의 권유에 따라 30무나의 벌금형을 신청하였다. 그리고 다시 투표를 하였으나 이번에는 220표의 큰 차이로 사형이 확정되었다고 한다.
　사형은 다음날 집행될 예정이었다. 그러나 이때 마침 축제가 열리고 있던 데로스 섬으로 제선(祭船)이 나가 있었다. 그리고 축제중에는 더러움을 삼가 한다는 뜻에서 법률상 배가 돌아올 때까지 모든 형은 집행되지 않도록 되어 있었다. 그래서 소크라테스는 약 1개월간 감옥에서 보내게 되었으며, 그 동안에도 친구들을 맞이하여 즐겁게 논의를 교환하였다고 한다. 한편 친구들은 간수를 자기 편으로 끌어들여 도주 계획을 세우고 모든 준비를 하였다. 그리고 어느 아침 크리톤이 감옥으로 가서 그 사실을 알렸으나 소크라테스는 도주를 거절하고 반대로 국법을 깨는 일은 부당하다는 이유와 죽음이 결코 두려워할 것은 아니라는 점을 설명하여 주었다고 전해지고 있다.

소크라테스

크리톤의 방문이 실패로 끝났기 때문에 필시 3일 후로 집행일이 다가왔다. 소크라테스는 그의 최후의 한때를 친구들과 영혼의 불멸을 논한 뒤 목욕을 하고 독약을 탄 잔을 안색 하나 변하지 않고 망설이지도 않고 단숨에 마셨다고 한다.

'크리톤, 의신(醫神)인 아스클레피오스에게 닭 한 마리의 빚이 있다. 부디 갚아 주었으면 좋겠다. 잊지 말도록.'

이것이 소크라테스의 최후의 말이었다. 육체에 결부된 병으로부터 영혼을 구제하여 준 것에 감사하여 의신에게 희생을 바치도록 크리톤에게 부탁한 것인가?

소크라테스의 용모는 대단히 못생기고 대머리에다 수염을 길렀으며 주먹코였다고 한다. 그런 그가 스스로는 만들 수 없는 아름다운 영혼이 태어나도록 돕는 사람이 된다고 하는 사상과 행동에 의해 서양 윤리학의 개조(開祖)가 된 것이다.

플라톤

Platōn

(기원전 427~347년)

    소크라테스가 아테네 시민에 의해 재판에 회부되고 사형 판결을 받았을 때 이 위인(偉人)을 변호하려고 단상에 등단하여, '아테네인 여러분, 저는 제멋대로 이 단상에 오른 사람들 중 가장 젊지만……'이라고 말하자마자 재판관으로부터 '내려와라, 내려와라'하고 야단을 맞은 27, 8세의 청년이 있었다. 그는 후에 소크라테스의 제자 중에서도 가장 그 스승의 이름을 알리고 또한 가장 유명하게 된 플라톤이다.

    그의 본명은 아리스토클레스였다. 아버지 쪽 조부의 이름에 연유된 것이라고 한다. 플라톤이라고 하는 것은 '넓은' 또는 '큰'을 뜻하는 그리스어이다. 그

플라톤

는 특히 체격이 훌륭하고 덩치도 컸으므로 플라톤으로 불리게 된 것 같다. 어떤 경기에 역사(力士)로 출장했었다는 이야기가 남겨져 있다. 또 플라톤이라는 이름은 그의 이마가 넓었기 때문이라든가, 또는 그의 문체가 광범하게 미치고 있기 때문이라는 설도 있다.

플라톤은 아마도 기원전 427년에 아테네에서 태어난 듯하다. 일설에 의하면, 아이기나 섬에서 태어났다고도 한다. 아버지는 아리스톤이라 하고 어머니는 페리크티오네라고 하였다. 이 페리크티오네는 아테네에서도 유명한 정치가이며 7현인 중 한 사람이었던 소론의 형제 드로피데스의 자손이다. 따라서 그는 고귀한 명문 귀족 출신이었다.

그의 출생에 대해서는 예수 그리스도의 탄생과 비슷한 이야기가 남겨져 있다. 아리스톤이 이미 결혼 적령기에 달했던 약혼녀인 페리크티오네를 어느날 억지로 자기 것으로 하려고 하였으나 저항을 하여 성공하지 못했다. 아리스톤이 단념하려고 할 때 그의 눈앞에 아폴론 신의 모습이 나타났으므로, 그 이후 끝까지 그는 페리크티오네가 플라톤을 낳을 때까지 손을 대지 않았다는 것이다. 아테네인 사이에 널리 퍼졌던 소문으로 전해지고 있다.

플라톤에게는 아데이만토스와 글라우콘이라는 두 사람의 형이 있었다. 또 포토네라는 여동생이 있었으며, 이 여동생은 후에 플라톤의 뒤를 이어 아카데메이아의 제2대 원장이 된 스페우시포스의 어머니이다. 그 밖에도 또 한사람, 아버지가 다른 안티폰이란 동생도 있었다고 하며, 그것은 아마 플라톤이 아직 어릴 때 아버지가 사망하여 어머니가 재혼했기 때문일 것이다.

플라톤은 어렸을 때부터 명문에 어울리는 교육을 받았다. 그것은 읽기, 쓰기, 셈법이며, 또 음악, 회화(繪畵), 체육 등이었다. 아리스토텔레스에 의하

플라톤

면, 플라톤은 아직 소크라테스의 제자가 되기 전에 헤라클레이토스파인 크라틸로스의 강의를 들었다고 한다. 크라틸로스는 플라톤의 대화편 《크라틸로스》 중에 등장하는 인물이다.

아테네에서는 18세가 되면 2년간 군대 생활을 하도록 되어 있으며, 플라톤은 18세부터 군대에 들어가서 5년간 있었다고 한다. 아마 기원전 409년부터 404년 동안일 것이라고 생각된다. 펠로포네소스 전쟁이 끝날 무렵이었다. 그는 기병으로 활약하며 소크라테스처럼 3번 출전하였다고 한다. 처음에는 코린토스에, 다음에는 델리온에, 그리고 마지막에는 타나구라에 출전했다고 하지만, 물론 정확한 것은 알려져 있지 않다.

소크라테스와 플라톤의 만남은 이후의 철학 사상사에 지극히 중대한 사건이었기 때문에 여기에는 여러 가지 재미있는 이야기가 남아 있다. 이 만남은 기원전 407년에 일어났다. 스승은 63세이고 제자는 20세였다. 일설에 의하면, 플라톤이 18세였을 때라고도 한다. 그 즈음 비극을 쓰고 있던 플라톤은 자작 극시를 가지고 비극 경연에 나가려고 했으며, 아테네의 디오니소스 극장에 갔을 때 그 극장 앞에서 소크라테스를 만나 그의 충고를 듣고 마침내 갖고 있던 시 원고를 태워 버리고 소크라테스에게 '지금이야말로 플라톤에게는 당신이 필요합니다'라고 말하고 그 뒤에 소크라테스의 제자가 되었다고 한다.

또 다음과 같은 이야기도 전해지고 있다. 어느날 밤 소크라테스가 꿈을 꾸었다. 그것은 자신의 무릎 위에 있던 백조 새끼 한 마리가 깜짝할 사이에 날개가 났다고 보고 있는 동안에 고운 소리로 높게 울면서 날아가 버렸다는 꿈이었다. 백조는 그리스인에게는 아폴론 신에게 바친 신성한 새이다. 소크라테스가 이 꿈을 꾼 그 이튿날 플라톤이 제자로 들어왔다. 그러자 소크라테스는 플라

플라톤

톤을 보고 '이 남자가 어젯밤 꿈에 본 백조다'라고 했다고 한다.

소크라테스와의 결합은 단순한 인간적 또는 사상적인 사제 관계뿐 아니라 소위 동성애적인 관계였던 것 같다. 플라톤에게는 그런 경향이 있었던 것 같고, 그가 '가슴 저릴' 정도로 사랑했다고 생각되는 남자의 이름이 몇 개 열거되고 있다. 사실 플라톤은 평생 독신이었다. 그가 아내를 얻었다는 증거는 발견할 수 없다. 다만, 그렇다고 해서 그가 동성 연애주의자였다고 결론을 내릴 수는 없지만, 소위 '플라토닉 러브'의 사상도 그 원천을 더듬어 가면 예상외로 재미있는 일에 마주칠지도 모른다.

기원전 399년에 소크라테스는 국가의 신들을 믿지 않고 청년을 타락시켰다는 죄로 고발되어 사형당했다. 그 재판을 할 때 플라톤은 소크라테스가 신청한 벌금의 보증인 가운데 한 사람이었다. 그러나 사형 집행일에는 스승 옆에 있지 않았다. 병중이었다고 생각된다.

소크라테스의 사형 후 제자들은 스승과 같은 운명에 놓일 위험을 피해서 즉시 아테네를 떠나갔다. 플라톤도 두세 명의 친구와 함께 소크라테스에게 심취해 있던 메가라의 에우클레이데스에게 도망갔다. 스승의 죽음과 함께 플라톤의 편력 시대가 시작된 것이다.

메가라의 체재는 3년간이었다. 그 다음에 그는 아프리카로 건너가서 키레네에 체재하였다. 키레네는 당시 아프리카에 있던 그리스의 유일한 식민지였다. 이곳에서 그는 무리수를 발견한 수학자인 테오드로스나 쾌락주의를 주장한 키레네 학파를 창시한 아리스티포스를 만났다고 한다. 플라톤이 키레네에 얼마나 체재했는지도 불분명하다.

그 뒤 일설에 의하면, 플라톤은 직접 아테네로 돌아갔다고 하지만, 또 다른

플라톤

설에 의하면, 프로타고라스파의 사람들과 만나기 위해 남이탈리아로 갔다고 한다.

기원전 387년 40세일 때 그는 이탈리아(혹은 아테네)를 떠나서 시칠리아로 갔다. 맛있는 음식을 먹으러 갔다든가, 불을 뿜는 에트나 화산을 보러 갔다고 하는 사람도 있지만, 필시 그 곳에 있던 시라쿠사의 참주 디오니시오스 1세에게 초대받았기 때문일 것이다. 이곳에서 그는 참주의 의제인 디온과 우연히 만나 친교를 맺는다. 또는 '사랑하는 사이'가 되었다고도 한다. 시라쿠사에서는 곧 참주와 언쟁을 하고 대립하였기 때문에 노한 참주가 스파르타 사절인 폴리스에게 부탁하여 플라톤을 노예로 팔게 하였다. 폴리스는 플라톤을 아이기나 섬의 노예 시장으로 데리고 가서 팔 물건으로 내놓았으나 다행스럽게도 키레네에서 만났던 일이 있던 안니케리스가 플라톤을 인지하고 되사서 그를 자유의 몸으로 만들었기 때문에 간신히 무사하게 아테네로 돌아올 수 있었다고 한다.

아테네로 돌아온 플라톤은 아카데메이아에 학교를 개설하였다. 이곳은 영웅 아카데모스를 기념하기 위해 명명된 체육장이며 아테네에 가까운 삼림 가운데 있었다. 이 학교는 기원후 529년에 로마 황제 유스티니아누스에 의해 폐쇄될 때까지 900년 이상이나 계속하게 된다. 오늘날 대학이나 학술 연구소를 아카데미라고 하는 것은 플라톤의 이 학교 이름에서 따온 것이다.

플라톤은 여기서 철학을 가르쳤으며, 철학 외에도 수학, 천문학, 법학, 자연학 등이 교수되고 또 연구되었다고 한다. 학교 입구에는 '기하학을 모르는 자는 들어와서는 안 된다'라고 쓰여 있었다고 한다. 수업료는 받지 않았던 것 같다. 그러나 기부나 그와 비슷한 것은 거부하지 않았다고 한다. 또 플라톤은

플라톤

  학문뿐 아니라 제자들의 인격 교육에도 중점을 두어 한 달에 한 번은 제자들과 식사를 함께 했다고 한다.

  최초의 시게리아 여행으로부터 약 20년 후 플라톤은 다시 아테네를 떠나 시게리아로 간다. 이것은 디온의 초대에 응해서 시게리아에 플라톤의 이상 국가를 실현하려고 하였던 것이었다. 디오니시오스 2세도 왕가의 마차로 마중나갈 정도로 환영하였다고 한다. 궁정의 모습은 이전과 달라져서 만사에 친절하였다. 플라톤은 시정의 개혁이 가능하다는 희망을 가질 수 있었다. 그러나 곧 디오니시오스 2세는 플라톤과 디온 사이에 장래의 적을 알아채고 디온을 국외로 추방하고 플라톤을 성내에 감금하였다. 디온 일당이 반란을 일으키는 것을 두려워하였기 때문이라고 한다. 그러나 그렇게 하는 사이에 시게리아와 남이탈리아의 루카니아 사이에 전쟁이 일어나서 플라톤은 석방되어 아테네로 갈 수 있었다. 이때 왕은 전쟁이 끝나면 그를 디온과 함께 귀환시키겠다는 약속을 했다고 한다.

  아테네에 돌아와서 5년간 플라톤은 아카데메이아에서 교육과 저작에 전념했으며, 시게리아에 평화가 회복되자 기원전 361년, 드디어 세 번째 시게리아행을 단행하였다. 66세가 되었다. 이번에도 처음에는 대환영을 받았다. 여자나 어린이에게까지 할 수 있는 정도의 호의를 보였다고 한다. 그러나 머지 않아 플라톤과 왕은 언쟁을 벌였다. 왕에게는 진정으로 철학을 할 뜻이 없음을 플라톤은 간파하였다. 또 왕은 디온이 왕위를 노리고 있는 자라고 오해하여 그의 아내를 빼앗아 다른 남자와 결혼하도록 강요했다고 한다. 플라톤의 이상 국가 실현의 소망은 완전히 좌절되었다. 기원전 360년 여름 플라톤은 실의에 빠진 채 아테네로 돌아왔다. 그리고 그 이후 다시는 시게리아 땅을

플라톤

밟지 않았다.

 디온은 마침내 군대를 일으켜 반란에 성공하여 정권을 획득했으나 3년 후에 친구였던 플라톤파인 카리포스에게 암살당했다고 전해진다.

 플라톤은 다시 아카데메이아에서 철학자가 되어 정치에는 손을 대지 않았다. 그 후에는 오로지 강의와 저술에만 전념하고 기원전 347년에 80세로 사망하였다. 그의 죽음에 대해서도 여러 가지 이야기가 남아 있다. 어떤 사람은 '플라톤은 쓰면서 죽었다'라고 한다. 사실 만년의 대작 ≪노모이≫(법률)는 미완성이었다. 또 어떤 사람은 플라톤은 결혼식 자리에서 쓰러졌다고 한다. 그러나 일설에 의하면, 어느 트라키아 여인이 음악을 연주할 때 가락이 틀렸으며, 열이 있던 플라톤이 그것을 깨닫고 손짓을 하자, 그 곳에 있던 손님들이 그것을 보고 '과연 플라톤은 그리스인이다'라고 감탄한 그날 밤에 플라톤은 점점 열이 높아져서 마침내 날이 새기 전에 숨을 거두었다고 한다.

 플라톤은 아리스토텔레스와 함께 후세에 미친 영향력이 가장 큰 철학자의 한 사람이다. 특히 13세기까지 기독교 신학과 그 철학은 현저하게 플라톤주의적이었다. 그리고 오늘날에도 그는 초일류의 철학자로 최강의 감화력을 지니고 있다.

아리스토텔레스

Aristotelēs

(기원전 384~322년)

'아리스토텔레스의 시녀'(안키라 아리스토텔레스)라는 말이 있다. 철학을 말한다. 중세 아라비아 철학자 아베로에스나 스콜라 철학자 토마스 아퀴나스 등은 아리스토텔레스를 유일하게 진정한 철학자로 생각하고 있었으므로, 그들 때문에 비로소 철학이 이렇게 불리게 되었다고 한다. 사실 13세기 후반부터 아리스토텔레스의 철학은 성서나 교부(教父)의 책보다 훨씬 많이 인용되며, 교회의 교의는 오로지 그의 철학에 의해 해석되고 변호되었다고 한다.

아리스토텔레스는 기원전 384년경 칼키디키 반도의 동북안에 있는 스타게이로스라는 한적한 지방에서 태어났다. 그러므로 그는 후에 '스타게이로스의

아리스토텔레스

 철학자'라든가 '스타게이로스인' 등으로 불리고 있다. 이곳은 처음에 그리스의 소식민 도시였으나, 그가 태어났을 때는 이미 마케도니아 왕에게 소속되어 있었다. 머지 않아 마케도니아의 지배권이 그리스 전토에 미치게 되는 시대였다.

 아버지 니코마코스는 의사였고 마케도니아 왕 아민타스 2세의 친구였다. 어머니 파이스티스는 칼키스인이며 역시 의사 집안 출신이었다고 한다. 후일 아리스토텔레스가 생물학이나 자연학에 대해 깊은 관심을 표시한 것은 그의 이런 혈통이나 가계의 영향에 의한 것일까? 그렇다고는 하지만, 그는 어려서 양친을 잃었다. 그 후에 친척 뻘이 되는 프로크세노스에게 양육되며, 이 사람은 소아시아의 아타르네우스 사람이며, 후에 아리스토텔레스가 양자로 삼아 자신의 딸과 결혼시킨 니카놀은 이 사람의 아들이다.

 기원전 367년 17세일 때 그는 아테네에 와서 플라톤의 학원 아카데메이아에 입학하였다. 그 이래 스승 플라톤이 죽을 때까지 20년간 여기에 머무르게 된다.

 일설에 의하면, 아리스토텔레스가 아테네에 왔을 때 플라톤은 마침 두 번째 시게리아 여행중이어서 아카데메이아에는 없었다. 그래서 처음에 그는 아테네에서 또 하나의 유명한 학교였던 이 소크라테스의 '웅변 학교'에 들어갔으나, 머지 않아 플라톤이 돌아왔으므로 아카데메이아로 전학했다고 한다. 또 다른 설에 의하면, 젊었을 때 그는 물려받은 재산을 유흥비로 써버리고, 몹시 가난하게 되었기 때문에 군대에 들어갔으나 잘되지 못하고, 다음에 아버지 직업을 이어서 의사가 되어 보았으나, 이것도 잘되지 않았으므로 도리 없이 플라톤에 입문했다고 한다.

아리스토텔레스

아리스토텔레스가 학원에서 어떤 면학 생활을 했는지는 확실하지 않다. 아마 처음에는 학생으로, 이어서 보조 교사로 이 학원의 충실한 일원이었을 것으로 생각된다. 사실 그의 주거는 '독서가의 집'으로 불리고 있었고, 플라톤도 그를 '학원의 정신'이라 부르며 자랑으로 삼았다고 한다. 그러나 처음에는 플라톤 철학의 열렬한 숭배자였던 아리스토텔레스가 후에는 가차없는 비판자가 된다. 오히려 험담만 남겼다고 하는 편이 좋을지도 모른다. 그 중의 하나로 다음과 같은 것이 있다.

플라톤이 이미 80세가 되어 머리가 멍청해졌을 무렵의 어느날 아리스토텔레스는 자신의 제자들을 잔뜩 데리고 아카데메이아로 들어가서 플라톤에게 논쟁을 걸어 말로 상대방을 꺾고 드디어 플라톤을 아카데메이아 정문에서 내쫓고 자신이 스승의 자리에 앉아 버렸다고 하는 것이다.

기원전 347년 플라톤은 아테네에서 죽고 조카인 스페우시포스가 아카데메이아 제2대 원장이 되었다. 아리스토텔레스는 이 인선에 낙담한 모양이다. 스승이 죽은 직후 동문인 크세노크라테스와 함께 아테네를 떠나갔다. 분교 창설의 사명을 받았다는 설도 있다. 사실 그는 소아시아 북부 지방 토로아스의 아소스로 가서 그 곳에 아카데메이아의 분교라고 할 학원을 개설하였다. 그러나 진상은 스페우시포스를 플라톤 정신의 정통 후계자로 인정할 수 없었던 아리스토텔레스를 아소스의 지배자였던 헤르미아스가 초대한 것 같다. 플라톤이라는 큰 별이 떨어진 지금 가장 강하게 빛나기 시작할 절호의 기회가 왔음에도 불구하고 그 기회를 이용하지도 못하고 떠나갔다고 하는 점에서 아리스토텔레스가 얼마나 깊이 스승을 존경하고 있었는가를 간파할 수도 있을 것이다. 아소스의 학교에서 그는 플라톤의 죽음과 함께 없어져 버린 아카데메

아리스토텔레스

이아의 정신을 다시 한 번 소생시키려고 생각했었는지도 모른다.

그를 초청한 헤르미아스라는 인물은 노예의 신분에서 일어나 아소스와 아탈네우스의 지배자가 된 사람으로 전에는 아카데메이아의 일원이었다. 아리스토텔레스는 이 헤르미아스와 깊은 친교가 있었던 듯이 그의 질녀로 양녀가 된 피티아스와 결혼을 한다. 그러나 헤르미아스는 머지 않아 페르시아군에게 체포되어 사형당한다. 그 때문에 그는 레스보스 섬의 미틸레네로 이주하게 되며, 이곳은 그의 충실한 제자였던 테오프라스토스의 출생지였기 때문에 그의 이주는 제자의 권유에 의한 것이다.

아리스토텔레스가 마케도니아 왕 필리포스로부터 당시 13세였던 왕자, 즉 미래의 알렉산더 대왕의 교육을 책임지도록 초청된 것은 기원전 343년의 일이었다. 이렇게 해서 그는 페라의 궁정으로 이주한다. 일설에 의하면, 아리스토텔레스는 대단한 미식가로 페라의 궁정으로 옮긴 것도 맛있는 음식을 먹을 수 있기 때문이었다고 한다. 그는 반대자로부터 여러 가지 험담을 들었는데, 그 중에는 다음과 같은 것도 있다. 예를 들면 그는 따뜻한 올리브 기름 목욕을 할 정도로 사치스럽고, 게다가 사용한 기름을 다른 사람에게 팔 정도로 구두쇠였다는 것이다.

아리스토텔레스가 알렉산더에게 어떤 교육과 영향을 주었는지 거의 알려져 있지 않다. 그는 이 젊은 왕자를 위해 《일리아스》의 원시를 다시 썼다고 전해지고 있다. 한편 왕자는 부왕이 파괴한 아리스토텔레스의 고향 스타게이로스를 재건했다고 한다.

기원전 336년 필리포스는 암살당하고 알렉산더가 즉위하여 동방 원정을 준비한다. 그 다음해 아리스토텔레스는 다시 아테네로 돌아온다. 그러나 모교

아리스토텔레스

인 아카데메이아로는 돌아가지 않았다. 그는 별도로 아테네시의 동북 교외에 있는 리케이온에 자신의 학원을 개설한다. 이곳은 아폴론 리케이오스의 신역(神域)이었다. 오늘날 프랑스어로 리세라고 하는 고등학교의 명칭은 이 학원의 이름에서 유래한다. 당시의 학교에서는 학생들이 산책하면서 논의하는 습관이 있었으며, 아리스토텔레스 자신도 이 리케이온에서 오전에는 제자들과 함께 산책로를 소요하면서 전문적인 철학 문제를 논의하고, 오후에는 일반 청중에게 통속적인 철학 문제를 강의하였다고 한다. 그리스어로 산책로를 페리파토스라고 한다. 여기서 그의 학파는 페리파토스 학파(소요학파)라고 불리게 되었다. 다만, 그의 학원이 유명하게 되고 제자들의 수가 늘고부터는 산책을 중지하고 앉아서 가르쳤다고 전해진다.

아리스토텔레스는 리케이온에서 12년간 가르쳤다. 그 동안에 그는 부인 퓨티아스를 잃었다. 부인의 사후 스타게이로스 출신의 애인 헤르퓨티스를 부인으로 해서 아들 니코마코스를 얻지만, 이 아들은 아버지가 그에게 헌정한 ≪윤리학≫(소위 ≪니코마코스 윤리학≫)을 편찬한 후 머지 않아 젊은 나이로 죽었다.

현재 아리스토텔레스의 저작으로 남아 있는 저서의 대부분이 이 리케이온 시대 강의의 초안 또는 필록 등이다. 그는 모든 학문의 조직화를 목표로 하였다. 후세 사람들은 그를 '모든 학문의 시조'라고 부르고 있다. 알렉산더 대왕이 이 옛 스승을 재정적으로 지원했다. 아리스토텔레스는 대왕의 원조에 의해 막대한 사본, 기록, 지도 등을 수집한 사상 최초의 대규모 도서관을 만들었다고 한다. 또 동식물의 자료나 표본을 수집한 박물관을 만들었다고도 한다. 더욱이 대왕은 그 때문에 800탈란트를 은사에게 제공하고, 또 마케도니아

아리스토텔레스

전국의 어부나 수렵가에게 명령해서 조금이라도 과학적으로 흥미있는 것이라면 모두 아리스토텔레스에게 보고하도록 시켰다고 전해진다.

그러나 그 대왕도 기원전 323년에 먼 아시아 땅에서 갑자기 죽게 된다. 그리고 대왕의 죽음과 함께 반마케도니아 감정이 고조되고, 아리스토텔레스도 마케도니아 왕당파의 일원으로 지목되어 박해를 받게 된다. 그는 예전에 소크라테스를 사형시킨 것과 같은 수법에 의해, 즉 신을 모독했다는 이유로 고소당한 것이다. 이전에 비명 횡사를 한 헤르미아스 상을 세울 때 아리스토텔레스가 그에게 헌정한 <덕의 송가>라는 비문이 이 참주를 신격화하고 신을 모독했다는 이유이다. 그는 이 소송의 위험을 피하기 위해 학원을 사랑하는 제자인 테오프라스토스에게 맡기고 에우보이아 섬의 칼키스로 망명했다. 학원을 도망칠 때 '아테네 사람들에게 다시 철학을 모독시키는 기회를 주고 싶지 않다'라고 말하고 떠났다고 한다.

칼키스는 당시 마케도니아의 세력 아래 있었고 그에게는 어머니 출생지였다. 아마 이곳에는 아직 어머니 쪽의 저택도 있었던 것 같다. 아리스토텔레스는 잠시 이곳에 몸을 맡길 작정이었던 것으로 생각된다. 그러나 망명 다음 해(기원전 322년) 한여름, 오랫동안의 지병이었던 위병으로 마침내 이곳에서 62세의 생애를 마감하였다.

아리스토텔레스는 일설에 의하면, '이야기를 할 때 혀가 꼬부라지고 다리가 약해지며 눈이 작아졌다. 그런데도 화려한 복장을 하고 반지를 끼고 머리나 수염을 손질하였다'라고 한다. 또 다른 험담에 의하면, '그는 화려한 의상이나 구두를 몸에 걸치고 머리나 수염을 손질하며 게다가 반지를 잔뜩 끼고 멋을 부렸다. 그리고 얼굴에는 조롱하는 빛을 띠는 버릇이 있고 이야기를 시작하면

아리스토텔레스

장소에 관계없이 마구 해댔다'고 한다. 또 이런 그의 거드럭거리는 태도가 몸치장을 좋아하지 않았던 플라톤의 노여움을 샀다고도 전해진다.

그러나 그는 냉정하게 현실을 분석하는 과학자적인 현실주의자이며 경험주의자인 그의 철학은 '그리스인의 지혜'를 집대성한 것으로 그 이후의 유럽의 사고를 엄격하게 지배하였다.

에피쿠로스

Epikouros

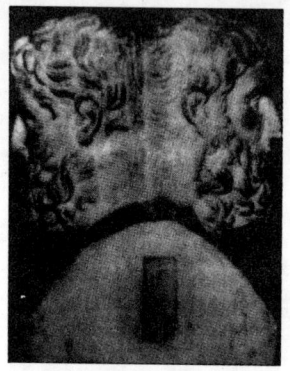

(기원전 341~270년)

후세에 에피큐리언(쾌락주의자)의 어원이 된 에피쿠로스는 기원전 341년경 네오클레스와 카이레스트라타의 아들로서 사모스 섬에서 태어났다. 일설에 의하면, 태어난 장소는 아테네였다고도 한다. 어머니는 '천한 여승'이었다는 전설이 있지만 사실인 것 같지는 않다. 아버지는 학교의 교사로서 '초라할 정도로 적은 수업료를 받고 초보적인 것을 가르쳤다'고 한다. 아마 양친은 사모스 섬에 거주한 가난한 아테네인 식민자였다. 그리고 에피쿠로스 외에도 세 명의 아들을 둔 것 같다.

에피쿠로스는 어렸을 때 여승이었던 어머니를 따라서 집에서 집으로 부정

에피쿠로스

을 없애는 기도를 소리 높이 읽으면서 걸었으며, 어머니가 외는 주문의 문구를 반복하면서 미신에 대한 증오로 어린 가슴을 채웠으며, 이윽고 그런 미신이나 속견에 대한 증오가 말년의 그의 교설(敎說)의 특징의 하나가 되었다고 전해진다. 다만, 이 전설에 대해 러셀은 '어떤 근거가 있는 용인해야 할 것으로는 생각되지 않는다'라고 말하고 있다.

에피쿠로스가 어디서 태어났는지는 분명하지 않지만, 그의 소년 시절은 사모스 섬에서 지낸 것 같다. 12세경 철학 공부를 시작하고 플라톤 학파인 팜피로스의 가르침을 받았다. 플라톤 학파는 특히 수학을 중시하였기 때문에 아마 그도 수학을, 그리고 특히 천문학에 대한 응용 수학을 공부하였을 것이다. 그리고 에피쿠로스는 이런 학과는 별로 좋아하지 않았던 것 같다.

기원전 323년 18세일 때 아테네에 갔으며, 이것은 아테네에서 시민권을 얻기 위한 것으로 생각된다. 이 해에 알렉산더 대왕이 죽었다. 에피쿠로스는 아테네에서 플라톤이 개설한 학원 아카데메이아에서 배웠으며, 또 아리스토텔레스가 시작한 학원 리케이온에서도 공부하였다. 희극 작가인 메난드로스와 친교를 맺은 것도 이 무렵의 일이다.

알렉산더 대왕이 죽고 그 후계자가 된 마케도니아의 총독은 기원전 322년에 사모스 섬에서 아테네 이민자를 추방하였다. 에피쿠로스 가족은 소아시아로 난을 벗어났고 에피쿠로스 자신도 그 곳에서 가족과 재회하였다. 아마 이 무렵 그는 사모스 섬의 약간 북쪽에 있는 소아시아의 도시 테오스에서 나우시파네스라는 사람에게 철학을 배우고 있었다. 이 사람은 데모크리토스의 신봉자였기 때문에 에피쿠로스는 그에게 데모크리토스 학파의 원자론을 배웠을 것이다. 사실 에피쿠로스 철학에는 데모크리토스의 영향이 가장 강하게 나타

에피쿠로스

나고 있다. 그러나 스승인 나우시파네스와는 사이가 틀어진 것 같으며, 에피쿠로스는 이 인물에 대해 상당히 심한 경멸을 표명하고 있다. 전해지는 바에 의하면, 그는 이 스승을 연체 동물이라든가 무식한 놈이라느니 사기꾼이라든가 매춘부라고 불렀다고 한다.

플라톤 학파, 아리스토텔레스 학파 그리고 게다가 원자론자의 학설을 배운 에피쿠로스는 그 후 독자의 철학을 형성하기 위해 잠시 은퇴하여 사색 생활을 계속한 것으로 생각된다.

이윽고 기원전 311년경 30세가 된 그는 드디어 자신의 학파를 창시했다. 최초로 자신의 학교를 창설한 것은 레스보스 섬의 도시 미틸레네였다. 그러나 여기서는 주변 사람들의 반대와 적의에 부딪친 듯 머지 않아 학교를 미틸레네에서 람프사코스로 옮긴다. 그리고 기원전 306년 이후는 아테네에 학원을 설립하고, 기원전 270년경 71세로 죽을 때까지 이곳에서 가르쳤다.

젊은 시절 어려웠던 생활에 비해 아테네에서의 생활은 평온하였다. 그는 큰 집을 소유하고 또 정원도 매입하여 그 곳에 학사를 설립하였으며, 이것이 유명한 '에피쿠로스의 정원'이다. 에피쿠로스 학파의 사람들이 '정원의 철학자' 또는 '정원학파'라고 불리는 것도 이에 기인하고 있다.

머지 않아 제자들의 수도 늘었으며, 그들 중에는 철학상의 제자뿐 아니라 부인이나 노예들, 또 '헤타이라'라고 불리는 창녀도 포함되어 있었다. 이 '헤타이라'의 존재가 그의 반대파들이 에피쿠로스를 공격하여 스캔들을 만들어 내는 좋은 재료가 되었지만, '분명히 그 추문은 참으로 부당한 것이었다'라고 러셀은 말하고 있다.

에피쿠로스 아래로 모인 친구나 제자들은 철학적인 대논의에 열중하는 대

에피쿠로스

신 깊은 우애로 결합된 평안한 단체를 형성하였다. 이 사람들은 에피쿠로스의 '숨어서 살자'라는 가르침을 충실하게 실행하며 아테네의 시끄러움으로부터 떨어진 생활을 보냈다고 한다. 그들의 음식은 거의 빵과 물뿐이었으며, 검소한 식사와 재물에 대한 무관심이 이 집단의 커다란 특징이었다.

마음이 교란되지 않은 상태, 즉 아타락시아를 구하기 위한 은둔 생활이었으며, 에피쿠로스는 평생 질병과 그 통증으로 고통을 받은 것 같다. 그러나 그는 이상할 정도의 인내력을 지니고 그것을 견디는 방법을 배우고 있다. 그를 괴롭힌 질병은 주로 방광과 위의 병이었던 것 같다.

에피쿠로스는 아마도 기원전 270년에 71세로 사망한 듯하며, 그의 죽음에 대해서는 자연사설과 자살설이 있지만 분명하지 않다.

제자의 한 사람이었던 루마르코스의 편지에 의하면, 에피쿠로스는 죽음에 이를 때까지의 11일간 병을 앓았으며, 마침내 소변이 돌에 막혀 죽었다고 한다. 현대 의학으로 말하면 '방광 결석'이나 '요도 폐쇄'였을지도 모른다. 만일 이 편지 내용이 사실이라면, 에피쿠로스의 죽음은 자연사가 될 것이다.

그러나 한편 다음과 같은 전설도 있다. 에피쿠로스는 사망 당일 자신의 죽음이 임박했다는 것을 깨닫고 뜨거운 물을 섞은 대야 속에 들어가 포도주에 물을 타지 않고 그대로 단숨에 들이키고 주위에 모인 사람들에게 자신의 학설을 잘 기억해 두도록 유언을 하고 숨을 거두었다고 한다. 이 전설에 의하면, 에피쿠로스는 뜨거운 물에 들어가 강한 술을 마셔 스스로 생명을 끊었다고 생각된다. 만일 이것이 사실이라면, 그의 죽음은 자살이었던 것으로 된다. 그러나 뜨거운 물에 들어가거나 포도주를 그대로 마시거나 하는 것은 당시로는 대단한 사치였기 때문에 이 자살설은 쾌락주의자로서의 에피쿠로스에게 덧붙

에피쿠로스

여진 조작된 이야기일지도 모른다.

　에피쿠로스의 교설은 거의 지중해 전역에 널리 알려졌으며, 특히 기원전 1세기경 이 철학은 라틴 민족의 근간으로 번창하게 되었다. 그러나 러셀에 의하면, 그의 신봉자들은 끝내 마지막까지 아무것도 첨가하지 않고 아무것도 수정하지 않았다고 한다. 에피쿠로스 사후 거의 200년이 지나 루크레티우스가 철학시 ≪사물의 본질에 관하여≫를 쓰고 에피쿠로스 철학의 해설을 시도하였지만, 루크레티우스도 사상적으로는 스승의 가르침에 거의 아무것도 첨가하지 않았다. 오히려 에피쿠로스를 '신'으로 우러러 받들고 있는 점이 주목된다.

　에피쿠로스의 저작은 주저 ≪자연에 관하여≫ 외에 300권에 이른다고 하지만, 거의 모두 없어지고 현재에는 몇 통의 편지와 약간의 단편, 그리고 ≪주요 교설≫이라고 불리는 단편집이 남아 있을 뿐이다.

　마지막으로 에피쿠로스의 말로서 가장 유명하게 된 것을 하나 열거해 둔다. '죽음은 여러 가지 나쁜 것 중에서 가장 두려운 것이지만, 사실은 우리들에게 있어서 아무것도 아니다. 왜냐하면 우리들이 존재하는 한 죽음은 현실에 존재하지 않고, 죽음이 현실에 존재할 때는 이미 우리는 존재하지 않기 때문이다.' (≪메노이케우스에게 보낸 편지≫)

제논

Zēnōn ho Kupros

(기원전 336~264년경)

    서양 고대 철학사 중에서 제논이라고 불리는 저명한 인물은 두 사람이 있다. 한 사람은 엘레아의 제논으로 '아킬레스는 거북을 앞지를 수 없다'라든가 '날고 있는 화살은 정지하고 있다' 등이라고 말하는, 소위 '제논의 패러독스'로 유명하게 된 엘레아 학파의 철학자이며, 또 한 사람은 스토아 학파를 창시한 키프로스의 제논이다. 지금부터 열거해 보는 것은 후자인 스토아의 제논이며, 이 사람도 전자와 마찬가지로 자료가 부족한 인물이며, 몇 개의 간접적 소전(所傳)은 있지만 작품은 하나도 남아 있지 않으며, 약간의 단편만 산재하고 있는 것에 지나지 않는다.

제논

제논은 키프로스 섬의 남안에 있는 키티온이라는 도시에서 태어났다. 출생 연대는 기원전 4세기 후반으로 생각되지만 상세히 알려져 있지 않다. 그의 가계는 제논이라는 이름으로 미루어 보아 그리스계와 같이 보이지만, 아테네 유학중의 그가 '페니키아 소승(小僧)'이라고 불린 점으로 생각하면, 인종적으로는 셈족인 페니키아인에 속해 있었던 것 같다. 부친은 이름을 무나세아스라고 하며 페니키아 특산의 염료를 주된 상품으로 하는 무역상이었다. 말년의 제논 사상에 나타나는 세계 시민적인 성격은 이 부친의 무역상다운 국제 감각에 의해 길러진 것일지도 모른다.

어느날 제논은 페니키아에서 붉은 염료를 구입하여 배에 선적하고 아테네 외항 페이라이에우스로 항해하는 도중 이 항구 근처에서 난파당했다. 다행히 목숨을 건지고 아테네로 상륙한 그는 어떤 서점에 들러서 크세노폰의 《소크라테스의 추억》을 읽던 중에 대단히 감격하여, '어디로 가면 소크라테스 같은 인물을 만날 수 있는가'라고 물었다. 때마침 그 곳을 키니코스 학파인 크라테스가 지나가므로 서점 주인은 크라테스를 가리키며, '저 사람을 따라가시오'라고 했다고 한다. 그리고 이것이 제논이 철학의 길로 들어간 시작이라고 한다. 다만, 이 이야기는 키니코스 학파가 좋아한 '일종의 얼빠진 취미의 조작된 이야기'일지도 모른다. 어쨌든 제논이 아테네 땅을 밟은 것은 기원전 314년경이었다. 아마 22세 무렵의 일이었다고 생각된다.

제논은 아테네에서 철학을 배우기 시작했으며, 일설에 의하면, 자신의 최상의 생활 방식에 대해 신탁을 요청했더니 '죽은 자와 사귈 것'이라는 회답을 얻었으며, 그래서 그는 즉시 고인의 책을 읽기 시작했다고 한다.

제논은 크라테스의 제자로 들어가서 키니코스 학파의 철학을 배우게 되었

제논

으며, 이 크라테스라는 사람은 '술통 속의 철인'으로 유명하게 된 디오게네스의 제자였다. 따라서 크라테스 자신도 기행이나 독설이 많았고 교육법도 상궤를 벗어났던 것으로 생각된다. 다음과 같은 이야기가 남아 있다.

크라테스에 입문한 내향적인 제논은 키니코스 학파의 후안 무치한 한심한 모양에 곤혹스러워한 것 같다. 제논이 심하게 부끄럼을 타는 것을 본 크라테스는 제자의 이런 결점을 고치려고 콩스프가 든 단지를 가지고 케리메이코스 구 거리를 걷게 하였다. 제논은 부끄러워서 단지를 감추려고 하자 크리테스는 지팡이로 단지를 깨뜨려 버렸다. 견딜 수 없게 된 제논이 다리에서 스프가 흘러내리는 것도 상관하지 않고 도망가려고 하자 크라테스는 큰소리로 '어째서 도망치는가 페니키아 소승. 아무것도 두려워 말아라'라고 고함을 쳤다고 한다.

제논이 크라테스에게 제자로 들어가서 이윽고 자신의 학원을 열 때까지 약 20년간의 수업 시대가 있었다고 한다. 그 동안 그는 아테네의 여러 학파에서 배우고 새로운 지식을 흡수해서 자기 자신의 이론을 만들었다. 그가 크라테스를 내버려 두고 이어서 입문한 것은 메가라 학파의 스틸폰이었다. 이때 크라테스는 아직 제논에게 미련이 있었던 것 같으며, 그의 상의를 잡고 다시 데려오려고 하자, 제논은 '철학자를 붙잡으려 하면 귀를 잡으려고만 하십시오. 그러므로 말로 설득해서 귀로 끌어들이십시오. 무리한 것을 들어 준다고 해도 당신한테 남아 있는 것은 내 몸뿐이고 마음은 스틸폰에게 가있습니다'라고 말했다고 한다. 스틸폰에게는 주로 메가라 학파의 논리학을 배운 것 같다.

그 후 제논은 아카데메이아 학파인 크세노크라테스에게 배우고 이어서 메가라 학파인 디오드로스에게 배우며, 또 아카데미 학파인 폴레몬에게 배운다.

제논

폴레몬이라는 인물은 아카데메이아의 4대 원장이 된 사람이며, 제논은 그로부터 지식론뿐 아니라 심리학적 문제에 대해서도 배운 것 같다. 이 폴레몬이 제논에게 말한 이야기가 남아 있다. 어느날 폴레몬은 '제논, 너는 쪽문으로 몰래 들어와서 내 학설을 훔쳐 그것에 페니키아풍의 옷을 입히고 있지만, 내가 그것을 알아차리지 못하는 것은 아니다'라고 말했다고 한다.

제논이 거의 20년간의 수업을 마치고 아테네 시장에 있는 스토아 포이킬레라고 불리는 곳에서 학원을 세우고 철학 강의를 시작한 것은 아마 기원전 294년경일 것이다. 42세 무렵일 것이라고 생각된다. 그의 학생은 처음에는 제논의 학생으로 불렸지만, 후에는 스토아 학파로 불리게 되었다. 그것은 제논이 '다양한 채색이 있는'(포이킬레) '회랑'(스토아)에서 가르친 것에서 유래한다.

전에 키니코스류의 교육을 받은 제논인 만큼 그의 교육법은 에피쿠로스와는 달리 엄격하였던 모양이다. 다음과 같은 이야기가 남아 있다.

그의 아래로 입문을 지원해 온 부유한 청년에게 조심성을 가르치려고 제논은 그를 더러운 의자에 앉혀 상의를 더럽히게 만든 것뿐 아니라 이어서 거지가 모이는 곳으로 데리고 가서 거지의 더러운 옷을 입혀서 결국 이 청년은 진절머리가 나서 도망쳐 버렸다고 한다.

또 어떤 청년이 나이에 어울리지 않는 질문을 가지고 왔을 때 그를 거울 앞에 데리고 가서 그 질문이 자신의 표정에 어울린다고 생각하는가 하고 물었다고 한다.

또 어떤 수다스런 남자를 보고 '우리들에게 귀가 둘이 있고 입이 하나밖에 없는 것은 말하기보다 듣는 것이 훨씬 좋기 때문이다'라고 야유했다고 한다.

제논은 거의 30년간 스토아에서 강의를 했으나 일절 수업료는 받지 않았다.

제논

그래서 그의 교육은 모든 사람에게 공개되었고 부유한 계층만의 전유물로 되지 않았다. 이렇게 해서 그의 명성은 올라가고 넓은 지역에서 많은 제자들을 흡수하게 되었으며, 특히 아테네 사람들로부터는 대단히 존경을 받고 신뢰를 얻어서 마침내 성문의 열쇠까지도 위탁될 정도였다고 한다. 그리고 더욱이 그의 사후 아테네 의회는 그가 그의 철학으로 아테네에 애쓴 공적을 찬양해서 금관을 증정하고 국비로 동상을 건립하기로 결의했다고 전해진다. 다만, 이 결의안은 제논의 숭배자였던 마케도니아의 안티고노스 왕이 제논에게 완전히 심복하였던 로라손이라는 남자를 매수하여 제안한 것이라는 만담 같은 이야기도 남아 있다.

제논은 72세로 죽었지만, 그의 죽음에 관해서도 재미있는 일화가 있다. 학원에서 돌아오는 도중 발을 헛디디어 넘어져서 손가락을 부러뜨렸으며, 이때 제논은 죽음의 예고를 알아채고 대지를 주먹으로 두드리면서 '지금 간다. 왜 나를 부르는가'라는 시구를 읊으면서 그 자리에서 스스로 숨을 멈추어 죽었다고 하는 것이다. 또 일설에 의하면 단식해서 죽었다고도 한다. 어쨌든 스토아 학파에서는 자살을 금지하지 않았기 때문에 개조(開祖)인 제논을 따라서 그 후 스토아 학파 중에서는 자살자가 많이 나왔다고 한다. 제논은 케라메이코스 구에 매장되었다.

제논은 약간 목이 굽었고 키가 크고 여위었으며 색이 검었으므로 '이집트의 포도나무'라는 별명이 붙었다고 한다. 또는 피부가 늘어지고 병약했기 때문에 주연은 대개 거절했다고 한다. 성미가 까다롭고 항상 얼굴을 찡그리고 있었다고 한다. 그가 시작한 스토아 학파의 철학은 로마 황제 마르쿠스 아우렐리우스를 마지막 대표자로 발탁할 때까지 거의 500년간이라는 장기간에 걸쳐 많

제논

은 사람들의 생활에 빛을 주었다.

모세

Moses

(기원전 13세기 중반)

    구약 성서의 처음에 나오는 5개의 책(창세기, 출애굽기, 레위기, 민수기, 신명기)은 '모세 5서'라고 하며 전설적으로는 모세의 작이라고 믿어져 왔다. 이들 모든 책에는 특히 그를 둘러싼 사건, 그가 정한 법률, 그가 행한 교설이나 업무 등이 풍부하게 기술되어 있기 때문이다. 그러나 17세기 이후 발전한 성서의 자료 비판적 연구는 이들 모든 책이 기원전 10세기 이래 그때까지 전승되었던 여러 가지 법률을 중심으로 다양한 구전적 전승을 덧붙여 한 사람 또는 몇 사람에 의해 쓰인 몇 개의 자료가 차츰 합체해서 최종적으로는 기원전 400년경 오늘날의 형태로 편집되어 성립된 것을 규명하였다. 따라서 그들 전승은

모세

각각의 시대적 배경에 의해 착색되었고, 더욱이 신앙의 틀에 채워져 있기 때문에 오늘날에는 이미 성서에 의해 역사적 모세상을 묘사하는 것은 곤란하다고 생각된다. 게다가 모세에 관한 역사적 기술은 구약 성서 이외에는 존재하지 않으므로, 지금 모세의 생애에 대해 묘사하려고 하면 성서의 전설적인 기술에 의존할 수밖에 없다.

모세는 이집트 땅에서 태어났다. 아버지는 레위족 사람으로 아무람이라고 하고 어머니는 요게벳이라고 하였다. 모세에게는 세 살 위인 형 아론이 있었고, 또 미리암이라는 누이도 있었다.

그 무렵 바로(이집트의 왕)는 히브리 사람(이스라엘인)의 증가를 두려워하여 압박 정책을 펴서 히브리 남아는 모두 출생과 동시에 죽이도록 모든 백성에게 명령하였다. 모세는 바로의 영아 학살을 피하기 위해 생후 3개월일 때 나일 강변의 갈대 속에 숨겼으며, 때마침 바로의 딸이 목욕하러 강으로 내려왔다가 모세를 발견하고 왕궁으로 데리고 가서 아들로 키웠다고 한다. 여기서 모세라고 하는 이름은 물 속에서 '꺼냈다'라는 히브리어 마샤에서 유래하였다고 하지만, 성서의 이 어원적 설명은 오늘날 학문적 지지를 얻지 못한다.

이집트 왕궁에서 몰래 양육되어 성장한 모세는 어느날 나일강 델타 지역에서 고역(苦役)에 시달리던 동포 한 사람이 바로의 관리에게 구타당하는 것을 보고 그 동포를 감싸주려고 때리던 이집트인을 살해하였다. 바로의 손을 피해서 왕궁을 떠난 모세는 이윽고 시내 반도를 건너 미디안 땅에 도달해서 이따금 있는 우물 옆에 앉아 있을 때 사제의 딸을 구조한 일이 인연이 되어 미디안의 사제 이드로 밑에서 망명 생활을 보내게 된다. 이곳에서 그는 이드로 딸 중 한 사람인 십보라와 결혼하여 게르솜이라는 아들을 얻었다고 한다.

모세

　망명 생활중 모세는 신의 산 시내(호렙) 산에서 그에게는 그때까지 미지였던 신 여호와를 만나고 신으로부터 이집트에서 고역에 시달리는 동포를 구출하라는 명령을 받는다. 이때 신은 모세에게 '나는 스스로 있는 자'라는 신의 정의를 친히 말했다고 전해진다.

　신의 소명을 받은 모세는 즉시 이집트로 돌아가 동포의 이집트 탈출을 지도한다. 이때 이미 이집트는 새로운 바로로 바뀌었으며, 모세는 이 바로를 강요하여 히브리인의 해방을 요구하였다. 그러나 바로는 물론 그에 응하지 않았다. 그래서 신은 모세의 기도에 응답하여 많은 재난을 일으켰다고 한다. 나일강의 물을 빨갛게 만들어 물을 마실 수 없게 하거나, 나일강의 개구리 떼가 올라와 이집트 땅을 뒤덮거나, 땅의 티끌이 모두 이로 되거나, 이집트인의 가축이 모두 죽거나, 아궁이의 그을음이 사람이나 짐승에게 고름이 나오도록 하거나, 우박이 이집트 전역을 때리거나, 메뚜기 대군이 모든 것을 먹어 치우거나, 짙은 어둠이 이집트 전국에 3일 동안이나 있었거나, 이집트인의 첫아이가 모두 죽었다고 전해진다. 이 마지막 사건, 즉 나일 계곡에 사는 모든 집의 첫아이가 죽었다고 하는 재앙도 단 히브리인의 가족에게만은 미치지 않았다. 이는 신으로부터 사건이 일어나기 전에 통고를 받은 히브리 사람들이 집 입구에 어린 양의 피로 빨간 표시를 해두었으므로, 신의 명령을 받은 죽음의 사자는 이곳을 지나가면서 이집트인의 첫아이를 데려가고, 어린 양의 피로 표시를 한 히브리인 집은 '지나갔기' 때문이었다. 후에 이 사건을 기념하는 '유월절'은 유태인의 수많은 축제 중에서도 특히 중요한 축제의 하나가 되었다. 또 예수 그리스도는 진정한 유월절의 어린 양이 되었다.

　이렇게 완강히 반대하던 바로도 마침내 그 태도를 바꿨기 때문에 모세는

모세

즉시 히브리인을 이끌고 이집트를 탈출하였다. 이스라엘 민족이 이집트에 이주하고 나서 430년 후의 일이었다고 한다. 그러나 일단은 신을 두려워한 바로였지만, 머지 않아 그는 히브리 사람들의 뒤를 추격하여 다시 끌어다가 많은 이집트인의 죄도 없는 어린이들이 느닷없이 살해당한 복수를 하려고 군대를 출동시켰다. 홍해의 해안 근처까지 와서 왕과 그의 군대는 히브리 사람들을 발견했지만, 그때에 갑자기 구름 기둥이 떠서 이집트인의 눈으로부터 히브리 사람들을 덮어 감추었다고 한다. 그 다음날 아침 모세의 명령으로 홍해의 물이 둘로 갈라지고 마른 땅이 나타났다. 이렇게 해서 히브리 사람들은 무사히 반대편으로 건널 수 있었다. 그러나 그들의 뒤를 쫓아 왕과 그의 군대가 물이 빠진 바다 속으로 뛰어들었을 때 갑자기 이제까지 좌우로 갈라져 있던 물이 원래대로 흘러들었으므로, 커다란 파도에 휩쓸려서 바로와 군대는 모두 물에 빠져 버렸다. 한 사람도 남지 않고 죽었으므로, 아무도 나라로 돌아가서 이 사실을 알릴 사람이 없었다고 전해진다. 이 사건 때문에 모세는 이집트 탈출에 성공하고 완전히 이집트에 승리하였다. 이것이 유명한 '홍해의 기적'이다.

그 다음에 히브리 사람들은 사막까지 나갔다. 이제는 노예에서 해방되어 자유롭게 된 그들이었지만, 그 뒤 40년이나 오랫동안 광야를 방황해야만 하였다. 그 동안에 모세는 신으로부터 시내산에서 '십계'를 받았다.

'십계'의 본문이 성서 중에서 처음으로 나타나는 것은 ≪출애굽기≫의 제20장이지만, 제19장에는 본문에 앞서서 우선 '십계' 수여의 간결한 기록이 있다. 그에 의하면, 이스라엘 사람들이 시내 광야에 들어온 것은 이집트 땅을 나와서 3개월째였다고 한다. 그날 모세는 사람들을 숙영시키고 산에 올라가 신의 출현을 맞을 준비를 사람들에게 시키도록 신으로부터 명령을 받았다. 그로부

모세

터 3일째에 사람들은 산기슭에서 기다리고 모세 혼자 산에 올라가 신으로부터 '십계'를 받았다고 전해진다. 이때 시내산 꼭대기에 강림한 신이 불 속에서 모세에게 말한 것이 '십계'이며, 그 본문은 《신명기》 제5장에도 나타나고 있다. 이 장의 기술에 의하면, 신은 '십계'를 산 위 불 가운데, 구름 가운데, 흑암 가운데서 큰 음성으로 모든 대중에게 고했으며, 그 외의 것은 아무것도 말하지 않고 2매의 석판에 적어서 모세에게 주었다고 한다.

이 사건은 모세가 신 여호와와 이스라엘 백성 사이에 계약 관계를 맺고 여호와를 이스라엘의 신 이스라엘을 여호와의 백성으로 정한 것을 의미하고 있다. 모세는 신에게 받았다고 하는 '십계'를 중심으로 해서 다양한 율법을 백성에게 공포했고, 이렇게 해서 히브리 사람들은 수많은 율법을 준수하며 생활하게 되었다. 다만, 모세가 제정하였다는 많은 율법은 아마 모세보다도 후대의 율법일 것이다. 그러나 '십계'의 기원은 모세까지 거슬러 올라갈 수 있다고 생각된다.

모든 율법을 백성에게 선포한 모세는 굶주림을 견디어 내고 주변 여러 민족과 전쟁을 하면서 전진하는 광야의 여행에 불만을 품고 이집트로부터 탈출한 것을 후회하는 백성을 고심 참담하면서 통솔하였다. 그리고 신이 선조에게 약속한 가나안(팔레스티나) 땅에 가기 위해 40년의 세월을 보냈고, 드디어 요단 강 동측의 산지에 겨우 다다랐으나 이미 노쇠하여 가나안 점유 사업을 후계자인 여호수아에게 부탁하고 약속의 땅을 멀리 바라보면서 그 생애를 마쳤다. 모세는 죽었을 때 120세였지만, 눈이 흐리지 않고 기력도 쇠약하지 않았다고 한다. 또 그는 모압 땅의 계곡에 매장되었지만, 오늘날까지 그 묘를 아는 사람은 아무도 없다고 성서는 그렇게 전하고 있다.

모세

　모세의 생애와 사업은 그 후의 이스라엘 종교의 본연의 자세를 결정하고 그 종교적 사고의 원형을 제공하였다. 그 점에서 그의 사상적 의의를 찾을 수 있을 것이다.

바울

Paulos

(6~65년경)

 기독교 역사가 전하는 최초의 순교자는 스데반이라는 인물이다. 스데반은 예루살렘 교회의 신장과 더불어 시작된 구원 활동을 하기 위해 지명된 7인의 집사의 한 사람이 되었기 때문에 두각을 나타내게 되었고, 선교에 종사했으며, 힘있는 교설은 사도들을 능가했다고 한다. 그는 유태교의 의식, 전통, 신전 등에 대해 엄격히 비판하고, 예수를 '올바른 분' 또는 '그리스도'로 하는 신앙을 대담하게 고백하였기 때문에 사람들의 반감을 샀다고 하며, 그 후 ≪사도 행전≫ 제7장은 다음과 같은 감동적인 장면을 전하고 있다.
 '저희가 이 말을 듣고 마음에 찔려 저를 향하여 이를 갈거늘 스데반이 성령이

바울

충만하여 하늘을 우러러 주목하여 하나님의 영광 및 예수께서 하나님 우편에 서신 것을 보고 말하되, "보라 하늘이 열리고 인자가 하나님 우편에 서신 것을 보노라." 한대 저희가 큰소리를 지르며 귀를 막고 일심으로 그에게 달려들어 성 밖에 내치고 돌로 칠쌔 증인들이 옷을 벗어 사울이라 하는 청년의 발앞에 두니라 저희가 돌로 스데반을 치니 스데반이 부르짖어 가로되, "주 예수여, 내 영혼을 받으옵소서." 하고 무릎을 꿇고 크게 불러 가로되, "주여, 이 죄를 저들에게 돌리지 마옵소서." 이 말을 하고 자니라.'

이것이 성서가 전하는 최초의 순교이며, 이때 그 장소에 입회하여 스데반의 처형에 찬성하고 순교의 목격자가 된 사울이라고 하는 청년이야말로 뒤에 회개하여 기독교의 세계적 보급을 실현시킨 최대의 전도자 바울이었던 것이다.

원시 기독교 시대의 최대 선교자 바울은 탄생이나 사망 연도는 명확하지 않다. 신약 성서 중의 《사도 행전》 후반부는 바울의 사적을 기술한 것이며, 게다가 13개 편지의 대부분도 바울 또는 바울의 영향을 받은 사람이 쓴 것이라고 전해지고 있다. 따라서 바울의 내면 생활을 알기 위해서는 그의 편지가, 그리고 또한 그의 외적 활동을 알기 위해서는 《사도 행전》이 최선의 좋은 사료가 되지만, 그들에 의해 바울의 생애를 정확히 재구성하는 일은 거의 불가능하다.

바울은 로마 지배하의 소아시아에 있는 상업 거래의 중심지 키리키아주의 수도 탈소스에서 태어났다. 선조는 벤야민 부족 출신이므로 바울도 순수한 유태인이다. 그러나 그는 이 지방의 유력한 가문에 속해 있던 아버지로부터 로마 시민권을 상속하고 있으므로, 순수한 유태인인 동시에 로마 시민이었다. 태어난 해는 예수보다 다소 늦었다고 생각되지만 정확하지 않다.

바울

젊을 때 탈소스에서 교육을 받은 바울은 한편으로 스토아 학파 등의 헬레니즘 문화에 친숙하게 지내면서 다른 한편으로는 유태인으로서의 긍지를 갖고 이윽고 예루살렘으로 상경했으며, 그 곳에서는 조상 전래의 율법을 가장 충실하게 지키는 바리새파의 일원으로서 율법 교사 가마리엘의 밑에서 공부한다. 이 라반 가마리엘 1세라는 바리새인은 25년부터 50년경 예루살렘에서 유태교를 지도한 율법학자이며, 또 바리새파라고 하는 것은 율법을 엄격히 지키는 유태교의 한 분파였으며, 그 형식적이고 배타적인 사고 방식은 후에 예수로부터 심한 비판을 받고 있다. 바울은 예루살렘에서 공부했지만, 예수는 만나지 못한 것 같다.

바리새파의 엄격한 교육을 받고 완전히 율법이 바른 도리라고 확신한 이 젊은 유태교도는 이윽고 기독교의 열성적인 박해자로 되었다. 아마 스데반의 활동이 왕성하던 때에 박해에 참가하였던 것으로 생각된다. 그리고 그 박해의 손을 예루살렘으로부터 다메섹까지 뻗치려고 유태교 대사제로부터 모든 회당 앞으로 공문을 받아 공인된 자격을 지니고 다메섹 지방의 기독교도를 박해하기 위해 떠났으나 다메섹 문 밖에 도착했을 때 갑자기 그리스도의 출현을 만나 회심을 체험하게 된다. 이때의 모습을 《사도 행전》 제9장에서는 다음과 같이 전하고 있다.

사울이 행하여 다메섹에 가까이 가더니 홀연히 하늘로서 빛이 저를 둘러 비추는지라 땅에 엎드러져 들으매 소리 있어 가라사대, '사울아, 사울아, 네가 어찌하여 나를 핍박하느냐' 하시거늘 대답하되 '주여, 뉘시오니이까' 가라사대 '나는 네가 핍박하는 예수라 네가 일어나 성으로 들어가라 행할 것을 네가 이를 자가 있느니라' 하시니 같이 가던 사람들은 소리만 듣고 아무도

바울

보지 못하여 말을 못하고 섰더라 사울이 땅에서 일어나 눈은 떴으나 아무것도 보지 못하고 사람의 손에 끌려 다메섹으로 들어가서 사흘 동안을 보지 못하고 식음을 전폐하니라.

바울의 연대를 정하는 일은 어려우며 이 회심은 31년이나 32년경의 일이었다고 생각된다. 회심을 체험함으로써 박해자에서 선교자로 전향한 바울은 이윽고 예전의 교회 박해의 열성에 몇 배나 되는 격렬한 전도 활동을 개시하였다. 다메섹에서는 당연히 그의 변절을 묵인할 리가 없는 유태교도에게 심한 박해를 받았으며, 간신히 탈출에 성공하여 그 후 몇 년이 걸려서 예루살렘에 올라가 이미 교회의 기둥으로 존경받던 베드로와 예수의 형제 야고보를 면회하고 예수의 언행에 관한 교회의 전승을 직접 듣는 기회를 갖는다. 이어서 친구인 바나바의 마중을 받아 시리아의 안디옥에 전도하기에 이르러 그의 선교 활동은 바야흐로 본격적으로 된다. 이 안디옥에서 비로소 예수의 제자들이 '크리스천'이라고 불리게 되었다고 한다.

그 후 바울은 세계 전도의 의지에 불타 세 번에 걸쳐 대전도 여행을 시도하였다. 제1회는 47년부터 48년까지의 일이며, 그것은 소아시아 지방을 중심으로 한 것이었으며, 이 이방인 전도에 의해 베드로 등의 유태인 기독교들과의 사이에 이방인 기독교도 유태인의 율법을 지켜야 할 것인가 아닌가에 대해 의견 대립이 표면화되었다. 바울은 스스로 예루살렘에 가서 베드로와의 화해를 시도하여 긴 논의의 결과 이방인 기독교도는 유태교도로 될 필요는 없다고 하는 양해점에 도달하였다. 기독교가 이미 유태교의 일부는 아니게 되었다. 이렇게 해서 바울은 베드로에게 그리스도의 복음을 순수한 형태로 파악하는 것을 승인하도록 함과 동시에 베드로는 유태인 전도에 바울은 이방

바울

인 전도로 그 분담을 정하는 일에 성공하였으며, 이것이 최초의 '사도 회의'라고 불리는 예루살렘 회의였다. 제2회는 48년부터 51~52년경 행해지고 마케도니아 아카이아 지방까지 보급되었으며, 이 여행에 의해 기독교는 아시아에서 유럽까지 널리 퍼졌다. 제3회 여행은 에베소가 중심이었다.

바울의 이런 노력에 의해 각지에 유력한 교회가 형성되었으며, 이 동안에 그의 노고는 이루 말할 수 없었다. 유태인에게 40에 하나 모자라는 매를 맞은 일이 다섯 번, 로마인에게 채찍으로 맞은 일이 세 번, 돌로 맞은 일이 한 번, 난파당한 일이 세 번, 그리고 하루 밤낮을 바다 위에서 표류한 일이 한 번 있었다고 한다. 여러 번 여행을 하여 강에서의 고난, 도적의 재난, 동국민의 재난, 이방인의 재난, 가짜 형제의 재난에 부딪쳐서 잠 못 이루는 밤을 보냈고 굶주렸으며, 때때로 음식이 없고 추위로 얼고 알몸이었던 일조차 있었다고 바울은 말하고 있다. 그러나 그는 필시 항상 병든 몸이었다.

그 후 바울은 마지막으로 예루살렘을 방문했을 때 그리스인을 데리고 신전에 들어갔기 때문에 신전을 더럽힌 죄로 유태인에게 체포되어 가이사랴에 2년간 감금되었다. 그러나 로마 시민권을 행사하여 상소하였기 때문에 말타 섬을 경유하여 로마로 호송되었다. 로마에서는 다시 2년간 연금 생활을 어쩔 수 없이 하였으며, 그 상태인 채로 전도 활동을 하였다고 한다. 상소의 결말은 명확하지 않지만, 전설에 의하면, 그 후 석방되어 스페인 또는 오리엔트를 여행했다고 전해진다. 그러나 필시 로마 황제 네로의 기독교 박해 시절에 로마 시민으로 참수형을 당해 순교한 것으로 생각된다.

그는 키가 작고 머리털도 적었으며, 다리도 굽었다고 한다. 또 외관은 허약했으며, 이야기는 재미없었다고 전해진다. 그러나 바울은 고대 로마나 그리스

바울

세계에 기독교의 세계적 성격을 이론적으로 설명하여 복음의 세계적 보급을 실현시킨 최초 최대의 선교자였다.

아우구스티누스

Aurelius Augustinus

(354~430년)

아우구스티누스는 고대 기독교 사상을 집대성해서 중세의 세계를 개척한 신학자이며 서방 교회 최대의 교부였다. 교부라고 하는 것은 고대 기독교회의 저작자 중 교회로부터 사도적 신앙의 대변자로 승인된 자의 호칭이다. 사실 아우구스티누스는 기독교에 귀의한 이래 이교나 이단과의 논쟁을 통해 카톨릭 신학의 확립에 노력하고 수많은 저작을 남겨 놓았으며, 아마 고대의 저작자 중 현존하는 저작도 또한 최대인 인물이며, 그들 저작은 오늘날 카톨릭 측뿐 아니라 프로테스탄트 측조차도 기독교 사상의 풍부한 원천으로 높이 평가하고 있다.

아우구스티누스

아우렐리우스 아우구스티누스는 354년 11월 13일 북아프리카 해안 근처에 있는 타가스테에서 태어났다. 이 거리는 옛날의 카르타고, 오늘날의 튀니지의 수도 튀니스에 가까운 스쿠아라스이지만, 당시에는 로마령 누미디아주의 농림업 지대의 중심지였다. 아버지인 파도리키우스는 포도원과 농지를 가진 중산층이었으며, 로마인의 피를 받은 거리의 유력자였으며, 지방 의회에 나간 일도 있었지만, 결코 기독교도는 아니었다. 그러나 어머니 모니카는 카톨릭 신앙의 공손하고 경건한 부인이었기 때문에 아우구스티누스는 태어날 때부터 이미 기독교와 이교와의 대립 속에 끌려 들어갔다고도 말할 수 있다. 또는 당시의 습관에 따라 그는 유아로서 세례는 받지 않았다. 한 사람의 동생과 한 사람의 누이가 있었다고 전해진다.

아우구스티누스는 인간 기원의 신비에 대해 이것저것 생각하고 괴로워하였으며, 모친의 태내에 있었을 때 자신의 생은 이미 그보다 전에 어떤 숨겨진 생을 잇따른 것은 아닐까 하는 의문을 품었다고 한다.

타가스테의 어린이 학교에서 배우고 마다우라 거리로 나가 주로 문법학을 공부했으며, 이즈음 그는 이미 베르길리우스 등의 문학에 열중하는 소년이 되었다. 16세일 때 양친에게로 돌아가 약 1년간 무위 도식했으며, 이 1년은 모든 부도덕한 행위에 발을 디딘 치명적인 해였다고 한다. 다음해 다시 양친을 떠나 당시 로마령 아프리카의 수도인 카르타고로 가서 웅변술을 배웠다. 이 유학에는 타가스테의 자산가 로마니아누스로부터 학자의 도움을 받았다. 그가 카르타고에 간 그 해에 아버지인 파도리키우스가 기독교로 개종하고 죽었다. 역사적으로는 소위 민족 대이동이 개시된 무렵이다.

소년 시절 아우구스티누스는 손쓸 방도가 없는 문제아였으며, 어머니에게

아우구스티누스

는 '눈물의 아들'이었다고 한다. 그는 언젠가 놀이 친구와 함께 도둑질을 했으며, 게다가 그 도둑질에 따르는 쾌감을 느꼈다고 고백하고 있다. 그에 의하면, 그들의 포도원 근처에 한 그루의 배나무가 주렁주렁 열매를 달고 있었지만, 그 열매는 형태나 맛이 결코 마음을 움직이는 것은 아님에도 불구하고 그들 일행은 한밤중에 나가서 잔뜩 훔쳤다고 한다. 게다가 그야말로 조금 맛을 보았지만, 결코 먹기 위해서는 아니었으며, 차라리 돼지에게 던져 주기 위해서였으며, 이런 일을 한 것도 금지되었기 때문에 더욱 재미있었다고 고백하고 있다.

아우구스티누스가 유학한 카르타고 거리는 환락의 도시였으며, 죄를 범하지 않은 자는 조롱당해야 할 것, 더럽지 않은 자는 멸시해야 할 것으로 간주되는 거리였다. 유혹의 포로가 되어 엉망인 생활에 빠져들었으며, 그렇게 하고 있는 동안에 그는 어떤 신분이 낮은 소녀에 열중하게 되어 동거했다. 아마 17세 무렵의 일이었다. 그리고 이 열중은 이윽고 진정한 헌신으로 되어 그는 그 소녀에게 15년간이나 성실을 지켰다. 그리고 그녀는 아데오다도우스(신에게 받은 아이라는 의미)라는 아들도 낳았다.

19세일 때 키케로의 《호르텐시우스》라는 작품을 읽고 철학에의 사랑이 타올랐다고 한다. 이 책은 지금 없어진 대화편이다. 키케로에 마음을 움직이고 동시에 마니교의 이단에 친해져서 카톨릭 교회로부터는 멀어지게 되었다. 그리고 21세가 되어 고향 타가스테에 돌아와 변론 교사가 되었을 무렵에는 이미 젊은 열렬한 마니교 신자였다. 이 때문에 어머니 모니카는 그가 어머니와 한 지붕 아래에 사는 것을 완강히 거부하였다고 한다.

다음해 로마니아누스가 다시 한 번 필요한 학자를 내주었으므로, 카르타고

아우구스티누스

에 돌아가 학교를 열고 변론술을 가르쳤다. 그 무렵 어머니 모니카는 꿈을 꾸었다. 그녀가 나무자 위에 서있으려니 아들이 쾌활하게 그녀 옆으로 와서 '당신이 있는 곳에 저도 있습니다'라고 말하는 것을 보았다. 잠을 깬 모니카가 그 사실을 그에게 말했을 때 그는 그것은 어머니가 마니교도가 된다는 의미라고 주장했지만, 어머니는 자신이 항상 서있는 곳에 그가 어느날인가 서는 것이라고 주장하였다고 한다.

아우구스티누스가 카르타고에서 가르치고 있을 때 로마에 수사가로 알려졌던 파우스토스라는 마니교의 지도자가 활약하고 있었다. 이 인물이 383년에 카르타고를 방문해서 아우구스티누스와 회견했으며, 그는 그 무지 때문에 아우구스티누스를 실망시킨 것에 지나지 않았다고 한다.

이해 말 29세가 된 그는 어머니 반대에 거역하고 제국의 수도 로마로 올라가 수사학을 가르쳤으며, 다음해에는 선발되어 밀라노에 수사학 교사로 부임하였다. 이곳에서 그는 유명한 안프로시우스의 교설을 들을 기회를 얻었다. 또 신플라톤파의 책을 읽고 마니교의 유물적 선악 이원론이 틀렸다는 사실을 깨달았으며, 더욱이 바울의 편지를 읽고 감동하여 드디어 기독교로 개종하였다.

이 무렵 아우구스티누스는 어머니의 희망에 따라 좀더 신분이 높은 부인을 맞기 위해 15년간 부부로 같이 산 여자와 헤어지고 새로 다른 소녀와 약혼을 했으나, 그 여자가 아직 12세라고 하는 법률상 결혼이 허가되는 연령에 도달하지 못했기 때문에 또 다른 여자와 관계를 맺었다고 한다. 소녀와의 약혼은 곧 해소되었다. 필시 그가 회심하기 전 해의 사건이었다.

아우구스티누스

아우구스티누스의 회심은 386년 그가 32세의 여름 마지막에 일어났다. 이 무렵 그는 가슴을 앓고 있었기 때문에 그것을 이유로 교직에서 물러났다. 그리고 그가 실제로 존경하는 사교(司敎) 암브로시우스에게 세례를 받은 것은 다음해 4월 24일 밤부터 25일의 미명에 걸쳐서였다. 어머니 모니카의 눈물어린 기도가 이루어졌기 때문에 그 어머니는 가족과 친구들과 함께 고향으로 돌아가려고 티베리우스 하구의 오스티아에서 아프리카로 건너가는 배를 기다리고 있던 때 열병에 걸려 죽었다. 56세였다고 한다.

아마 그가 회심할 무렵의 일이라고 생각되며 아우구스티누스는 다음과 같은 체험담을 전하고 있다.

어느날 그는 치통에 시달렸으며, 그것이 심하게 되어 말도 할 수 없게 되었을 때 그 곳에 있던 모든 사람들에게 부탁하여 하나님에게 기원하는 일을 생각해 내고 그것을 납판에 적어 주고 사람들에게 읽도록 하고 모두 공손하게 무릎을 꿇자 금세 그 그통이 사라져 버렸다고 하는 것이다. 하나님은 모든 구원을 가져오는 하나님이었으며, 하찮은 인간의 치통조차도 마치 영원히 없어지게 하는 것처럼 구해 주신다는 뜻일 것이다.

고향 타가스테로 돌아온 아우구스티누스는 391년에 북아프리카의 히포에 사제로 임명되었다. 37세일 때이다. 5년 후에는 사교가 된다. 사교로 교회의 업무에 힘쓰게 된 그는 당시 북아프리카 교회가 휩쓸렸던 여러 가지 이단에 대해 어느 때는 스스로 펜을 들고, 어느 때는 교회 회의에 참석해서 이단의 반박과 교회의 호교(護敎)에 정력적인 활동을 계속하였다. 교회 사상 유명한 도나투스파 논쟁이나 펠라기우스파 논쟁 등이 그것이다. 교회 내부부터뿐 아니라 외부로부터 교회에 향한 비난에 대해서도 호교를 위해 펜을 들고 싸웠으

아우구스티누스

며, 영원한 도시 로마 멸망의 책임이 교회에 돌려진 것에 대해 이것을 논박한 주저 ≪신국론≫은 특히 유명하다.

430년 반달족이 히포 거리를 포위한 해의 8월 28일에 열병으로 쓰러져 죽었으며 78세였다.

아우구스티누스의 사상 체계는 철학과 신학을 구분하기 어렵게 일체를 이루고 있다. 신플라톤주의는 기독교화된 신학의 방법론으로 되었다. 그리스도론이나 삼위 일체론이나 교회론 등은 그에 의해 명확한 신학적 표현을 얻었으며, 은총론, 특히 예정론은 후세에 커다란 문제를 남기고 있다.

토마스 아퀴나스

Thomas Aquinas

(1224년경~1274년)

현재 카톨릭 성직자들은 철학에 관한 한 토마스 아퀴나스의 사상을 받아들여야 한다. 그리고 카톨릭의 모든 교육 기관이 철학을 가르치는 경우에는 그의 체계를 유일하게 올바른 철학 체계로서 가르쳐야 하는 것으로 되어 있다. 따라서 토마스에게는 역사적인 흥미가 있는 것뿐 아니라 플라톤, 아리스토텔레스, 칸트, 헤겔과 마찬가지로 그는 현재에도 '살아 있는 하나의 감화력'이라고 러셀은 말하고 있다. 사실 토마스의 사상은 아리스토텔레스 철학을 기독교적으로 개조함으로써 교회 신학의 완전한 도구로 된 것뿐 아니라, 그 때문에 중세 스콜라 철학은 형식과 내용이 함께 발전의 최고봉에 도달하였다고 말할

토마스 아퀴나스

수 있을 것이다. 그리고 그 후에도 오랫동안 카톨릭 교회를 지배하여 현재도 공인 철학으로서의 지위를 확보하고 있는 것이다.

　토마스는 1224년 세모에, 일설에 의하면, 1225년 연초에 남이탈리아에 있는 로카세카 왕성에서 성주 아퀴노와 부인 테오드라의 아들로 태어났다.

　어머니 테오드라가 아직 토마스를 태내에 잉태하고 있을 때 한 사람의 수도사가 방문하여 '아드님은 위대한 학자, 거룩한 성자가 될 것입니다'라고 말했다고 한다.

　또 어렸을 때 토마스는 장난감보다도 아베 마리아라고 쓰인 종이쪽을 가지고 노는 것을 좋아했다고 전해진다.

　나폴리 왕국 내에 있는 아버지의 거성은 몬테 카지노의 바로 근처였다. 다섯 살이 된 토마스는 이 산의 베네딕투스 수도원으로 보내졌고 그 곳에서 교육을 받게 되었다. 그러나 1239년에 황제군이 수도원을 습격하였기 때문에 전장을 피해 나폴리로 옮겼다. 15세가 되었다.

　토마스는 나폴리에서 여러 가지 학문을 배웠으며, 특히 이곳에서 처음으로 아리스토텔레스의 학문에 접했다. 그리고 그 이래 지극히 많은 점에서 엄밀하게 아리스토텔레스를 따름으로써 카톨릭 교회 사이에서 토마스의 권위가 높아지고 동시에 아리스토텔레스 자신도 마치 초대 교부의 한 사람과 같은 권위를 지니게 되었다. 현대 카톨릭 세계에서는 순수한 철학적인 문제에 관해서조차 아리스토텔레스 철학을 비판하는 일이 거의 불신앙의 표명처럼 생각되고 있다고 한다. 사실 러셀을 그가 '라디오 방송에서 아리스토텔레스를 비판했을 때 카톨릭 교도들로부터 엄청난 항의가 들어왔다'고 하는 재미있는 체험을 말하고 있다. 이것에 의해서도 카톨릭 교회에 있어서 아리스토텔레스적 토마스

토마스 아퀴나스

주의의 권위가 강대함을 이해할 수 있을 것이다.

1244년 토마스가 20세가 되었을 때 도미니코 교단에 입회하였다. 도미니코 교단은 1215년에 성 도미닉스가 창설한 탁발 수도회이다. 13세기에는 프란시스코 교단과 함께 중세 말기의 사상계를 지배한 종교 단체이며, 소위 '걸식 교단'이었기 때문에, 토마스가 입회하였을 당시에는 아직 반대와 찬성과의 소동 속에 있었다고 한다. 물론 토마스도 양친으로부터 심한 반대를 받았다. 그러므로 그가 더욱 공부를 계속하기 위해 교단의 장노들에 의해 파리로 보내지게 되었을 때 그의 형제들은 도중에 그를 체포하여 1년간 부친의 거성에 감금하였다고 한다. 그러나 어떤 방법을 사용해도 토마스를 전향시키는 일은 불가능하였다. 도리어 가끔 토마스를 위로하기 위해 온 그의 자매들이 토마스로부터 신앙을 받아 그 중 한 사람은 도미니코 교단에 속하게 되었다고 한다. 결국 토마스의 입회는 집안에서도 인정하게 되었다고 한다.

나폴리에서 파리로 온 토마스는 이후 3년 동안 알베르투스 마그누스 밑에서 배운다. 알베르투스는 도미니코 교단의 대표적 신학자이며 아리스토텔레스 철학과 기독교 신학과의 융합을 완수하고 후에 토마스가 스콜라 철학을 완성하는 길을 열어 준 사람이었다. 토마스는 이 스승을 깊이 존경하였고 스승도 자신의 제자를 깊이 신뢰하였다고 한다. 토마스의 동료가 토마스를 '침묵의 목우'라고 불렀을 때도 알베르투스는 그들에게 대해 '훗날 그는 천하를 진동시킬 것이다'라고 늘 그렇게 말했다고 전해진다.

1248년부터는 쾰른에서 알베르투스의 사업을 돕고 학생 지도자 또는 성서 강사를 역임하였다. 1252년에는 다시 파리로 돌아가 교수 활동을 개시하였다. 그때 28세였다. 그러나 당시의 파리 대학에서는 승적이 없는 교설자와

토마스 아퀴나스

탁발 수도회사 사이에 '공연 논쟁'이 계속되었고 토마스 자신은 수도회사의 입장을 옹호하였기 때문에 그가 실제로 대학의 정교수로 되고 신학 박사 학위를 받은 것은 정해진 시기보다 늦어진 1256년의 일이었다. 토마스는 32세가 되었다.

그 후 이탈리아에 초대되어 교황청의 강사를 하면서 수많은 저술을 하였다. 1265년부터 2년 동안은 수도원 산 사비나에서 도미니코 교단에 속하는 교육기관의 완비를 위해 노력했으며, 이때 그의 주저 ≪신학대전≫의 제1권이 완성되었다. 2년 후에는 교황 클레멘스 4세가 거주하는 뷔텔보오에 학감으로 초대되었으며, 다시 2년 후에는 도미니코 교단의 지령을 받아 거듭 파리 대학에 신학 교수로 돌아갔다.

이 두 번째 파리 체재는 토마스 생애에 있어서 가장 중요한 활동과 저작 기간이었다. ≪신학대전≫의 제2권이 쓰인 것도 이 시기의 일이다.

48세가 된 토마스는 파리를 떠나 나폴리로 향했으며, 나폴리에서는 강의나 교설로 바쁜 나날을 보내면서 ≪신학대전≫의 제3권을 쓰기 시작하였다. 그러나 이 권은 끝내 미완인 채로 남았으며, 후에 토마스의 제자였던 레기나르도스에 의해 보충되었다.

≪신학대전≫이라고 하면 아우구스티누스의 ≪신국론≫, 칼뱅의 ≪기독교강요(綱要)≫와 함께 기독교회가 만든 3대 고전의 하나이다. 그러나 그 중에서도 ≪신학대전≫이 카톨릭 교회에 대해서 갖는 신학적 권위는 특히 막강하다. 예를 들면 1545년~1563년 사이에 열렸던 트리엔트 공의회는 당시의 루터주의에 대항해서 열린 로마 카톨릭 교회의 공의회였으며, 이 역사적인 대회의장 중앙에 놓여진 책상 위에는 성서와 ≪신학대전≫이 항상 비치되어

토마스 아퀴나스

있었고 시종 회를 인도하는 지침이 되었다고 한다.

1273년 겨울 49세의 토마스는 교황 그레고리우스 10세의 명을 받아 제2회 리옹 총회의에 참석하기 위해 리옹을 향해 출발했지만, 로마에 도착하기 전에 병으로 쓰러졌다. 그리고 다음해 3월 포사노바의 시토회 수도원에서 50세의 생애를 마쳤다. 아마 그 죽음은 오랫동안의 과로에 의한 것인 듯하나 독살당했다는 설도 있다. 그에 의하면, 안쥬라는 인물이 이전부터 자신의 부도덕한 생활을 토마스로부터 비판당하는 것은 아닌가 하고 두려워하였으며, 리옹 회의에서도 틀림없이 자신을 비난할 것이라고 생각하여 리옹에 가는 도중에 토마스를 첩자를 시켜 독살했다고 하는 것이다. 그러나 사실을 입증할 수 있는 증거는 아무것도 존재하지 않는다.

사후 토마스는 14세기가 되어 교황 요하네스 22세로부터 성도의 대열에 가입되었다. 로마 교회에서는 순교자 또는 특히 신앙과 덕이 우수한 사자를 교황의 권위에 의해 성도로 선언하는 의식을 행하며 교회력에 그 축일을 정하고 존경의 대상으로 삼고 있다. 물론 프로테스탄트 교회에서는 이런 의식을 인정하지 않는다.

16세기 이후가 되면 로마 카톨릭 교회는 토마스에 대해 '교회 박사', '천사 박사'의 칭호를 증정한다. 또 1880년에는 교황 레오 13세가 토마스는 카톨릭 교회 모든 학교의 '보호 성인'임을 선언하였다.

아우구스티누스가 특히 기독교적 플라톤주의자였던 것처럼 토마스는 훌륭한 기독교적 아리스토텔레스주의자였다. 그는 아리스토텔레스의 저작에서 범신론적 부분을 제거하여 이 위대한 철학의 가르침과 기독교의 유일신론을 조화시키려고 노력하였다. '은총은 자연을 파괴하지 않고 오히려 그것을 완성한

토마스 아퀴나스

다'라고 그는 말하고 있다. 아리스토텔레스 철학을 기독교화함으로써 이성과 신앙 또는 철학과 신학의 조화가 이루어진 것이다. 바로 '신앙의 철학'의 완성이었다. 토마스 철학이 스콜라 철학의 전형으로 되는 이유일 것이다.

피코 델라 미란돌라

Pico della Mirandola

(1463~1494년)

15세기의 인문학자 에네아 실비오(피우스 2세)는 당시 이탈리아의 시대 정세를 평하여 '우리의 덧없는 이탈리아. 여기에는 만사 확실한 것이 없고 국가는 모든 지속성이 부족하고 매일 병졸이 왕후로 손쉽게 출세한다'라고 말했다. 그것은 고전 부흥이라고 하는 향기롭고 현란한 정신과 빛나는 문화를 낳았던 어떤 상층부로서의 르네상스에 대해 전혀 그것과는 닮지도 어울리지도 않는 흙탕으로 얼룩진 하층부 전란의 시세를 평한 나머지이다. 그런 시대에 살아가는 한 명성, 권력, 부를 탐하는 인간들이 거리에 횡행하고 인생의 이상적인 생활 방식을 무인(武人)에게서 구하는 풍조가 야기된 것도 당연한 일일

피코 델라 미란돌라

것이다.

　피코는 영지 미란돌라와 콩코르디아를 통치하는 부유한 영주이며 무인이었던 아버지와 두 사람의 무인인 형을 가진 3남으로 1463년 2월 24일 미란돌라시의 성에서 태어났다. 그러나 그런 아버지나 형제의 혈통과는 전혀 다른 방향으로 그는 양육되었다. 그 주된 원인의 하나는 어려서(5세) 무인인 아버지를 잃은 일이었다. 선천적으로 용모가 단정하고 귀공자풍의 부드러움을 간직한 이 소년을 기르는 데 강한 영향을 준 것은 무엇보다도 어머니였다. 어머니는 당시 저명한 시인 보야르드의 누이였다. 그녀는 학예에 깊은 관심과 능력을 지니고 이 천분(天分)을 막내 아들인 피코에게 열심히 주입함으로써 그를 칼을 쥐지 않는 조용한 성직자풍의 학자로 기르려고 하였다. 소년 피코도 이 어머니의 기대에 어긋나지 않게 지식욕과 탐구심을 갖고 학문에 힘썼다.

　성장함에 따라 그가 선택해 나간 연구 경력도 충실했으며, 15세에 입학한 볼로냐 대학(교회법을 공부)으로 시작하여 이탈리아 및 프랑스 각지의 대학을 방문하여 수학, 논리학, 형이상학, 동방어를 배우고 16세에 페라라 대학의 총장인 과리노 밑에서 수사학과 시학을 배우고 파도바 대학에서 아리스토텔레스를 중심으로 하는 고대 그리스의 연구까지 편력이 왕성함에는 눈을 크게 뜨게 하는 것이 있다. 그 후 20세일 때 르네상스 문화의 중심지인 피렌체로 왔다. 이곳을 방문한 목적은 지식욕에서 오는 문화 도시에 대한 동경과 자신의 사상과 비슷한 사상을 갖는 사람들과 논의하는 것이었다. 그 당시 명문 메디치가의 당주 코시모의 의향에 따라 창설된 '플라톤 아카데미'는 피코로서 예전부터 염원이었던 학문과 의논의 장소를 제공하였다. 그는 그 곳에서 플라톤의 기독교적, 신비주의적 해석을 피치노나 코시모의 손자였던 로렌소

피코 델라 미란돌라

와 포리차노를 통해서 알게 된다. 그들은 만년에 이를 때까지 음양으로 피코를 진정한 친구로 행동하였다. 왜 그에게 이 친구 관계가 지극히 중요한 것이었는가를 말하면, 피코가 23세일 때 후에 그의 사상을 유명하게 만든 그의 생애의 일대 사건이 일어났기 때문이다.

피코는 생활면에서도 학문 연구면(처녀작 《헵타플러스》 그 외의 저서)에서도 대단히 충실하였던 피렌체 체재를 마치고 1485년 파리의 소르본느 대학에 아리스토텔레스, 스콜라 철학을 배우기 위해 갔다. 당시 그를 맞이한 파리는 중세의 모든 대학에서 모인 학자에 의한 토론의 장, 소위 정기적 학회장으로서 지식인의 동경의 땅이었다. 다양한 논제를 가지고 모여서 각지 출신의 학자가 능숙하게 변증법적인 대화를 통해 그들의 사상을 확인하는 데 절호의 장소였으며, 피코도 그런 무리의 한 사람이었다. 이렇게 화려한 모임에 매혹된 피코는 일단 자국의 시골 구석에 틀어박혀 스스로 보고 들어서 얻은 논의의 제재(題材)를 정리하여 그것을 900의 논제로 정리하고 새삼스럽게 로마를 회의장으로 하는 공개 토론회를 제안한다. 그 패기도 대단한 것으로 유럽 각지의 대학에 초청장을 배포하고 로마 체재비 및 여비의 마련이라고 하는 극히 사치스런 조건으로 초청되었다. 그때 피코는 24세였다. 유명한 《인간의 존엄에 관하여》라는 저서는 이때 쓰인 것으로 공개 토론회를 위한 서곡이라고 할 것이었다. 그런데 당초 계획하였던 것과 전혀 다른 일이 일어났다. 당시의 학자는 어떤 의미에서는 성직자였으며, 그 중 유력한 멤버가 미리 배포되었던 논제에 의심을 품었던 것이다.

게다가 로마 교황청은 정식으로 그 논제 중에 이단으로 판단되는 부분이 존재한다고 하였다. 그 판정 결과로 취해진 조치는 단순히 피코에 대한 인간

피코 델라 미란돌라

으로서의 단절뿐 아니라 토론 그 자체의 절대 금지였다. 그 이단시의 근원으로 된 논제의 주된 것을 열거하면 '유한한 시간 중에서 저지른 죄는 설령 대죄라 하여도 영원한 죄벌의 가치가 없다', '그리스도의 십자가 그 밖의 상은 배례해야 할 것이 아니다'이며, 그것도 당초에는 그 자신이 논제를 하나씩 구두로 설명할 예정이었으니 그 원통한 정도가 얼마나 되었을까는 상상하기 어렵지 않다.

피코는 곧 ≪변명서≫를 쓰고 그것을 출판하려고 하였다. 이 사실을 알고 더욱 노한 교황은 1487년 6월 6일 소칙서로 피코 개인뿐 아니라 그에게 동조하는 자가 있으면 즉각 체포하여 투옥한다는 취지를 이단 심문을 지배하는 사교에게 시달하였다. ≪변명서≫의 주지(主旨)는 온건한 그의 성격과 같이 자신의 미숙한 행동에 대한 반성이었지만 때는 이미 늦었다. 그리고 교회 명령과 자신의 억제하기 어려운 지배욕과의 사이에 끼어 고민하면서 마침내 금령을 어기고 ≪변명서≫의 출판을 단행하였다. 결과는 너무나도 분명하여 8월 4일 파문의 칙령이 내렸다.

이리하여 '모든 철학 교사를 방문하고 모든 책을 조사하여 모든 학파를 알게 되었다'라는 지점에서 출발한 그의 일대 계획은 마지막이 되었다. 몰래 이탈리아를 떠난 피코는 프랑스로 도망간다. 피신처에서는 체포되어 돈과 서류를 압수당하거나 1개월간의 포로 생활을 보내거나 하는 비참한 나날이 계속된다. 1488년 메디치가 로렌초의 배려로 이 집에 몸을 의지했으며, 이노켄티우스 8세(1492년 사망) 재세 동안에 파문 취소 요구도 이루어지지 않았다. 비로소 파문의 사면을 받은 것은 로델리고 볼지아 교황이 취임한 1493년, 즉 피코가 죽기 1년 전이었다. 그 후 그의 생활은 점점 경건하게 되었으며, 사보

피코 델라 미란돌라

나폴라를 통해 한 걸음 한 걸음 수도원에 가까이 가는 것 같았으나 결국 최후의 일보를 내디디지 못하였다. 왜 그는 교회의 일원이 되지 못한 것일까? 그것은 후세 사람으로서 알 방법이 없지만, 결코 우연한 일은 아닐 것이다. 그로 하여금 겸손한 변명서를 쓰게 하고 마음이 훈훈한 우정에 혜택받는 인간으로 되는 데는 그에 걸맞는 이유가 있을 것이다. 어렸을 때부터 몸에 밴 섬세함, 그런 만큼 남보다 뛰어난 인간애는 반대의 의미로 분명히 교황에 대한 태도가 연약했거나 또는 도망치도록 했을 것이다. 그러나 언뜻 보기에 허약하게 보이는 성격의 반대편에 있는 빛나는 무기를 간과하면 그의 교회에 대한 철저한 태도는 설명할 수 없다. 아마 이 내면에 있는 무기를 최후까지 버리지 않았던 것은 예전의 대학 편력중에 얻은 동방어의 연구를 비롯한 다양한 문화권의 지식에 있다고 말할 수 있다. 인간과 인간의 경계를 극복한 연대감, 교회에 의하지 않고 개인에 의한 신과의 직접적 신비적 교분 등이 그의 생애를 붙잡고 떠나지 않았을 것이다. 틀림없이 이것이야말로 많은 세계로부터 알고 배운 르네상스적 인간의 눈이다.

《인간의 존엄에 관하여》의 첫부분에 있는 말이 여실히 이것을 말하고 있다.

'아담이여. 나는 너를 창조하기 위해 이렇다 할 정해진 위치나 모습이나 특권을 부여하지 않았다. 자신의 사려 선책에 의해 좋을 대로. ……너는 자유 의지에 따라 그 밖의 아무런 속박도 받지 않는다.'

1494년 11월 피코는 열병에 걸려 32세의 젊음으로 이 세상을 떠났다. 특히 메디치가의 쇠퇴와 함께 이탈리아에 침입한 프랑스 왕 샤를 8세가 피렌체를 방문하였다. 이전부터 피코를 알고 있던 그는 피코의 병상을 듣고 즉시

피코 델라 미란돌라

그의 시의를 보냈으나 이미 늦었다. 샤를의 후의에도 불구하고 그의 군대가 피렌체에 입성한 그 날이 피코의 사망일이었다. 참말로 일생에 휴머니즘을 순진한 눈으로 추구한 피코에게는 너무나도 짧고 너무나도 불의의 죽음이 방문한 것이었다.

산 마르코 사원 묘지에서 조사(弔辭)를 읽은 것은 후에 교회 개혁자로 그 때문에 고문을 당하고 화형에 처해진, 말년에 피코가 가장 존경하였던 사람 사보나롤라였다. 변혁의 시대이면서도 그의 죽음은 조용한 것이었다.

마키아벨리

Niccolo Machiavelli

(1469~1527년)

앞에서 기술한 피코의 생애는 많은 르네상스 사상가 중에서도 특히 밝은 면을 지니고 있지만, 분명히 그 밝음이 인간성의 회복을 외친 르네상스에 어울리는 것이었다. 그러나 르네상스는 반드시 밝은 면만을 지니고 있는 것은 아니다. 오히려 그 반대인 어둠을 감춘 곳에 또한 르네상스 자체가 지니는 복잡함이 있다고 말할 수 있다. 따라서 역사의 화려한 측면과 그 반대에 있는 암흑의 구덩이 부분을 함께 알게 됨에 따라서 비로소 우리들은 이 시대 역사의 다이내믹한 운동을 포착했다고 말할 수 있다.

일찍이 단테는 이탈리아의 르네상스 중심지인 피렌체 사람들의 기질을 '기

마키아벨리

묘'라는 한마디로 표현했다고 한다. 아마 그 이유는 피렌체 시민이 달기 쉽고 식기 쉬운 기질을 갖기 때문이다. 그것은 그들 시민이 당면한 역사의 추이, 세상의 이행이 얼마나 재빠른 것이었던가를 증명하고 있다. 모든 국가의 분열과 투쟁, 그와 함께 일어나는 지배자의 교대, 그러한 배경이 피렌체 주민을 둘러싸고 있었다.

니콜로 마키아벨리는 마치 그러한 때와 장소에 운명지워진 사람처럼 1469년 봄에 태어났다. 그의 이름에서 하나의 주의(主義), 마키아벨리즘이 태어났고, 그것이 후세에 많은 사람들에 의해 말해지고 이용된 것은 주지의 사실이며 이 악을 시인하는 철과 같은 주의를 만들어 낸 인간 마키아벨리의 생애는 어떤 것이었을까?

아버지 베르날드 마키아벨리와 어머니 발토로메이어 드 네리와의 사이에는 4명의 자녀가 있었으며, 니콜로는 장남이었다. '나는 가난하게 태어나 즐거운 일보다 괴로운 일을 훨씬 많이 배웠다'라고 말하는 마키아벨리의 말처럼 아버지는 자산도 수입도 없는 학문을 즐기는 법률가로서 하루 벌어 하루 사는 생활을 보내고 있었다. 그는 글재주가 있는 어머니와 학문을 좋아하는 아버지의 피를 받아 7세부터 라틴어를 배웠다. 그가 학문에 처음 접한 시기에 시정에는 피비린내가 나는 사건이 잇따라 일어났다. 이미 피에로 드 메디치가 죽고 뒤를 이은 로렌초에 대항하는 파시의 음모 그리고 그것이 발각되었기 때문에 발생한 파시의 난, 그것들은 당시 민중에게 헤아릴 수 없는 정도의 충격을 주었다. 그런 반란과 학살이 반복되는 중에 마키아벨리가 소년 시절을 보낸 것은 확실하다.

많지 않은 마키아벨리 청년기에 대한 자료 중에서 또 하나 그가 보낸 시대

마키아벨리

 배경을 알기 위해 빠뜨릴 수 없는 것이 있다. 이 사건의 주모자는 피코의 죽음을 보았던 사보나롤라였다. 이 광신적인 성직자는 교회 개혁과 정치 개혁을 목표로 메디치가 독재 정치의 추방에 성공하고 대중의 소망을 모아서 공화정을 부활시켰다. 그러나 그의 꿈도 4년 만에 사라졌다. 마키아벨리는 이 당시의 일을 회상하며 '무장하는 예언자는 모든 승리를 지배하며 준비하지 않은 예언자는 멸망한다'라고 평하고 있으며, 어느 시기(20세 전후) 몇 번인가 사보나롤라의 교설을 듣는다. 비판은 했지만, 이 승려의 권모에 그는 감탄도 하였다. 논리 진행의 교묘함이나 뛰어난 책략은 청년 마키아벨리에게 강한 영향을 주었다고 한다.

 1498년 6월, 29세의 마키아벨리는 돌연 공화국의 제2 서기장으로 선출되었다. 이것이 마키아벨리즘을 만드는 발단으로 되었다. 이후 15년간 외교와 군사에 몰두하면서 마키아벨리는 거의 쉴 틈도 없이 모든 나라를 분주하게 돌아다녔다. 이 15년 동안 쌓은 체험이 저명한 《군주론》이나 《로마사론》 등의 책을 만들어 낸 것이다. 당시의 습관으로는 박사 학위를 소지한 자나 명성이 있는 자 이외는 결코 취임할 수 없었던 이 직책에 어째서 그가 뽑혔는지는 아직껏 명확하지 않다. 다만, 말할 수 있는 것은 그의 문재나 학식이 이런 직책을 갖는 사람들보다 열등하지 않고 훌륭하였다는 점이다. 특히 말년의 활약을 보더라도 그의 사무 능력은 어떤 관료보다 우수하였다. 이 서기관장 시대에는 그의 정치학을 확립시킨 획기적인 사건이 있다. 그것은 호남 체자레 보르지아와의 만남이다. 이 남자는 확실히 군주의 상징이었다. 그는 국외로는 외적 프랑스의 힘을 교묘하게 이용하고 국내에서는 각 도시 민중의 동향을 반대로 이용하여 사건을 해결하는 영웅이었으며, 게다가 누이 루크레

마키아벨리

치아 보르지아를 사랑하여 그 때문에 아버지와 서로 다투었다는 이상하기까지한 호색한이었다.

1502년 체자레 보르지아가 프랑스 군의 도움에 의해 피렌체 거리를 침략하려고 하였을 때 이 침략을 진정시키는 임무를 받은 마키아벨리는 비로소 이 유명한 남자를 만났다. 당년 33세의 마키아벨리가 6세 연하의 두려운 인물과 만났을 때의 인상은 지극히 강렬하였다. '일단 영광이나 영토를 획득하면 그는 휴식이나 피로나 위험도 모른다. 그는 어디서 출발했는지 다른 사람이 알아차리지 못하는 동안에 목적 장소에 육박한다'고 마키아벨리는 기록하고 있다.

이해 연말에 다시 마키아벨리는 체자레와 만난다. 이 무렵 로마냐 지방을 공략한 체자레가 예전부터 친하게 교제하였던 명문 올시니가에 음모를 꾸며 일가를 암살하고 그 후 태연하게 마키아벨리에게 이 사건이 피렌체를 구제하기 위해 부득이한 수단이었다고 말한 것, 로마냐 공략 때문에 사용한 혹사(酷使)를 민중이 이에 반항한다고 보자 지체 없이 이 혹사를 민중의 면전에서 처형하여 보이는 위선을 떠는 것, 이들 냉담한 호남의 모습을 마키아벨리는 싫도록 보았다. 당시 이런 유형인 악의 만연을 마키아벨리는 얼마나 많이 보았는지 알 수 없다. 그리고 이 체험이 그의 사상에 승화하여 저술되었다는 사실을 여기서 잊어서는 안 된다. 무정부 상태를 선택하기보다 악정(惡政)을 좋다고 인정하는 마키아벨리의 기본적 정치관이 형성된 것은 이 서기관장 시대였다.

자리에 붙어 있을 틈도 없이 바쁜 생활을 보내고 마키아벨리는 피렌체 공화국의 임무에서 해임당한다. 그때 그는 43세였다. 그 이유는 다시 메디치가가 천하를 장악한 것이며, 그때까지 마키아벨리가 보여 온 메디치가의 태도로

마키아벨리

보아 당연하였다. 이리하여 그의 낭인 생활과 동시에 저작 활동의 시기가 찾아왔다. 한때는 투옥까지 경험한 그의 실의의 정도는 헤아릴 수 없는 것이었다. 그리고 이 시기에 ≪군주론≫이 세상에서 문제로 되지만, 그의 본심은 이 저서를 단순히 쓴 것은 아니고 이것을 예전의 적 메디치가에 바치고 이것을 기회로 하여 재등용을 간청하는 일이었다. 무절조도 더할 나위 없이 그의 변심을 지지한 유일한 것은 동란의 이탈리아를 구하는 길이 그가 외치는 군주정(君主政)의 수립 이외에는 없다고 하는 강한 애국 정신이었다. 그로서 중요한 사실은 모랄(도덕)이 아니고 정치 역학이었으며, 그것을 제외하면 그의 사상과 인생은 생각될 수 없을 것이다. 그 곳에는 역사의 생생한 현실을 모두 본 자의 비정한 진리가 머물고 있는 것이다. 논리적 차원만으로는 아무리 해도 해석할 수 없는 역사의 필연성(현대에서의 파시즘 등)을 집요할 정도까지 추구하는 그의 눈은 단순히 악마에 홀린 냉혹한 눈이라고 해버리면 안 된다고 생각된다.

그는 스스로 권력을 탈취함으로써 자신의 설을 실천하려고는 결코 생각하지 않았다. 그가 힘껏 쏟은 정열은 권력의 변천에 관한 지식에 대한 것이었지, 권력 그 자체는 아니다. 실천적 권력에의 의지는 아니고 권력 의지를 아는 일이었다. 오히려 현실의 정치적 악이 그의 사상에 반영된 것이며 그 반대는 아니다. 그의 실제 기질은 실로 온순하고 성실하며 그런 의미에서는 사무가에 적당하였다. 함부로 정치 행동에 뛰어들고 싶어하는 자는 그런 잔혹하고 냉정한 정치관을 말할 수 없을 것이다.

'나는 다음과 같이 말하는 것을 들었다 —— 역사는 우리들의, 특히 군주를 위한 행동의 교사이며, 이 세상에는 항상 같은 열정을 갖는 사람들이 살고 있다. 그리고

마키아벨리

항상 섬기는 자와 명령하는 자가 있다.'

다분히 허무적인 느낌을 전하는 이 말은 각 시대를 초월하여 우리들의 세계에도 호소하고 있다.

1527년 등용의 기대도 이루어지지 않고 불운한 만년의 생활을 보낸 마키아벨리는 많은 친구와 가족이 지켜보는 가운데 다사 다난했던 58년의 생애를 마감하였다.

마틴 루터

Martin Luther

(1483~1546년)

마틴 루터는 자신의 성장 과정에 관해 다음과 같이 기록하고 있다.
'나는 농민의 아들이다. 내 아버지나 조부나 증조부도 태어나면서부터 농민이었다. 아버지는 그 후 맨스필드로 이전하여 그 곳에서 광부가 되었다. 이처럼 나는 농민 출신이다. 나의 아버지는 젊었을 때 가난한 광부였다. 어머니는 등에 가득 땔나무를 지고 집으로 돌아왔다. 이렇게 해서 부모는 우리들을 양육하였다.'(《루터 자서전》)
그는 '농민의 아들'임과 동시에 '광부의 아들'이며, 그래서 카톨릭 교회로서는 아무것도 아니고 '악마의 자식'에 지나지 않았다. 루터가 태어난 고향은

마틴 루터

중부 독일의 아이슬레벤이다. 여기서 그는 1483년(루터 자신은 82년으로 믿고 있지만) 11월 10일에 태어났다. 성 마르티누스 날에 세례를 받고 그 인연으로 마틴이라고 명명되었다. 이 사내아이는 부모에 의해 특별히 엄하고 예의 바르게 양육된다. 루터 소년은 호두 하나를 훔쳤기 때문에 피가 나올 정도로 채찍질을 당했다고 한다.

5세에 맨스필드 어학교에 입학한 루터는 공용어인 라틴어의 문법이나 찬미가를 배웠다. 그 후 14세에 마그데부르그의 라틴어 학교에 들어가 합창대에 참가하였다. 중세 특유의 미신으로부터 루터도 일찍 소년 시절부터 정령이나 마녀의 저주를 두려워했다고 전해진다. 1501년 봄 18세가 된 청년 루터는 당시의 최고학부인 엘프르트 대학에 합격한다. 기초 과정을 마스터하고 학사에서 수사로 진급한 루터는 부친의 전부터의 기대에 따라 법학을 전공하게 되었다.

1505년 한 여름의 정오를 조금 지난 무렵 걷고 있던 루터는 갑자기 뇌우를 만났다. 눈앞에 번개가 친다고 생각한 순간 그는 몹시 놀랬다. 그가 얼마나 경악했는지 헤아릴 수 있을 것이다. 벌벌 떨면서 검은 구름을 우러러보는 그의 귀에는 하나님의 노성이 들려 왔음에 틀림없다. 이 뜻밖의 큰 사건에 간담이 서늘해져 그의 인생 항로는 결정적 전기를 맞는다. 부친의 간절한 희망에 등을 돌리고 중대 결심을 한 그는 수도원에 들어가 버린다.

수도사 견습으로 출발한 루터의 일상 생활은 단식이나 철야를 혼합한 고난과 기도의 나날이었다. 그의 수업 태도가 얼마나 충실하였는지는 그 자신의 다음과 같은 회고 내용으로 충분히 추측할 수 있다.

'나의 수도원 생활이 좀더 계속되었으면 불면과 기도, 독서와 노동, 그 밖의 모

마틴 루터

든 책무 때문에 죽었을 것이다.'

1507년 24세 봄에 루터는 사제가 되고, 다음해에는 창립한 지 얼마 안 되는 비텐베르크 대학 교단에 섰다. 이어서 1512년에 신학 박사 학위를 받은 루터는 성서 강의를 계속하는 한편 새로운 신앙 체험에 눈을 떠간다. '하나님은 그리스도를 통해 죄많은 인간을 하나님의 아들로 받아들여 주셨다'라고 하는 나중에 종교 개혁의 계기로 되는 발상도 이 시기에 출현하였다. 루터는 십자가 위의 그리스도에게서 인간의 죄악을 일신으로 받아들이는 모습을 발견한 것이다. 어느새 루터에게 그리스도는 인간을 심판하는 두려운 심판자이기보다는 그들의 고뇌를 떠맡아 주는 자애의 상징이었다. '바울의 말은 나에게 천국에의 문으로 되었다'라고 후에 회상하고 있는 사실로도 알 수 있는 것처럼 '하나님의 뜻'의 개념을 둘러싼 사도 바울의 연구도 그의 새로운 그리스도관과 자기 개혁에 커다란 기여를 한 것으로 생각된다.

16세기 초기 로마 교황청은 재정난을 타개하기 위해 면죄부의 판매를 계획하였다. 서유럽은 아직 왕권이 신장되어 있지 않은 독일이 좋은 미끼가 되어 마인츠의 대사교가 면죄부의 판매를 위임받았다. 도미니코회 수도사 데첼은 그 첨병이 되어 도시나 촌락을 설교하며 다녔다. 그의 일행은 광장에 모인 사람들에게 하나님의 형벌의 무서움에 대해 큰소리를 치고 '당신들이 돈을 상자 속에 던져 넣으면 그 소리와 함께 영혼은 연옥에서 날아오르는 것이다'라고 구변 좋게 끌어들였다.

이렇게 지나친 면죄부의 난매에 화를 참지 못한 루터는 중대 결심을 하고 행동을 시작하였다. 1517년 10월 31일 정오, 그는 비텐베르크 교회의 문 위에서 그 유명한 '95개조 반박문'를 게시하였다. 복음을 재발견한 정열가 루

마틴 루터

터는 진행하는 도의적 부패와 그리스도교 신앙의 위기를 심각하게 느낀 것이다. 루터의 진의는 어디까지나 '면죄의 효력에 관하여'의 신학적 토론회의 개최 요구였다. 교황청이나 대사교에게는 묵살당하기는 했으나 격정이 넘치는 루터의 문제 제기는 모르는 경로로 전국에 전파되었다. 라틴어로 쓰인 '제제'는 필사되어 각지에 전달되었고 뉘른베르크에서는 독일어로 번역되었다. 교의상의 문제로 한정한다는 루터의 의도는 비화하여 그의 발의는 농부나 시민 사이에 큰 반향을 일으킨 것이다. 교회 조직에 의한 금전 본위 수법에 증대된 민중의 불평 불만은 폭발의 계기가 오기를 고대하고 있었다. 루터의 주관적 의도에는 아랑곳 없이 종교 개혁의 서곡이 시작되었다.

이런 정세를 앞에 두고 교회 측이 그대로 좌시하고 있지 않았던 것도 당연하다. 데첼의 손에 의해 작성된 '106조문'의 반론이 나오고 '1개월 이내에 화형에 처해질 것이다'라는 불온한 소문이 나도는 중에 루터는 하이델베르크 의회에 호출당했다. 말할 필요도 없이 그의 소신 표명은 장노들의 논박을 받았으나 젊은 승려 사이에서는 허다하게 지지자를 찾아냈다고 한다.

어쨌든 당시 독일 내외의 복잡한 정치 관계도 얽혀서 루터는 처형을 면하였다. 교황청도 사람을 통한 설득과 홍정에 의해 루터를 침묵시키는 이외에 적절한 방책이 없었던 것 같다. 거듭되는 절충 끝에 면죄부 문제는 보류해 둔 채로 흐지부지되는 때를 기다리는 것으로 합의가 성립되었다. 그러나 머지 않아 루터는 일련의 논쟁에 개입할 수밖에 없게 되었고 다시 교황 측과의 대립이 깊게 되었다. 라이프치히에서 개최된 토론회는 루터의 명성을 이전보다 높였다.

로마 교황청과의 화평이 분명히 불가능하게 되자, 곧 루터는 인문주의자나

마틴 루터

　국가주의자들과 접촉하여 손을 잡기에 이르렀다. 이탈리아 문예 부흥이 퇴조한 뒤 르네상스 운동은 알프스 산맥을 넘어 프랑스, 영국, 독일에 침투하였다. 한편 라인 지방의 제국 기사들은 교회 재산의 몰수나 봉건 제후의 타도를 목표로 하여 함부로 설치고 있었다.

　1520년 교황 레오 10세는 루터에게 파문을 위협하는 대교서를 보냈다. 하나님의 가호를 믿으면서 루터는 교회사의 연구에도 몰두하기 시작하였다. 종교 개혁의 3대 문서로 인정되는 《독일의 기독교인 귀족들에게 고함》 (1520년 8월), 《교회의 바빌론 유수에 관하여》(1520년 10월), 《기독교인의 자유에 관하여》(1520년 11월)를 중심으로 무수한 저술을 잇따라 집필하여 공포하고 있다. 그의 어구를 골라 본다.

　'사랑하는 독일인이여, 우리들은 깨달은 것은 아닙니까? 또 우리들은 카톨릭교도의 부끄러워하지 않는 악마적인 지배에 의해 비참하게도 잃어버린 모든 불쌍한 사람들의 패거리가 되지 않기 위해 사람을 두려워하기보다 하나님을 더욱 두려워하는 것은 아닙니까?'

　'기독교도는 모든 것 위에 서는 자유로운 군주이며 누구에게도 종속되지 않는다. 기독교도는 모든 것에 봉사하는 종이며 누구에게도 종속된다.'

　대교서의 공포에 따라 루터의 저서는 소각되었다. 루터 쪽에서는 모든 사람이 보는 가운데 대교서나 교회 법령집을 불에 처넣고 단호한 결의 표명을 하였다. 1521년 1월 3일 교황청으로부터 파문장이 나오고 3월 6일에는 황제가 보름스 국회로의 소환장을 루터에게 보냈다. 이 국회에서 루터는 자신의 교설을 철회하도록 강요당했다. 그러나 그가 굴복하지 않고 거절하였으므로 폐회일에는 드디어 추방령이 선고되었다.

마틴 루터

　루터의 종교 개혁이 직접 원인이 되어 1524년 봄 독일 서남 지방에 농민 전쟁이 개시되었다. 농부들은 '기독교 동맹'을 결성하고 그 유명한 '12개 조항의 요구'를 제출하였다. 다음해에는 무장 봉기한 슈와벤의 농민군이 교회나 시가지를 습격하여 약탈이나 방화를 저질렀다. 폭동이 각지로 비화되면서 동시에 급진파의 우두머리 토마스 뮌처가 최고 지도자로 된다. 그는 '기독교도는 하나님의 나라를 이 세상에 실현하는 자여야 한다'라고 믿고 공화국의 수립을 외쳤다.

　당초에는 농민 측의 공개 질문장에 '농민의 12개 조항에 대한 평화 권고'로 온화하게 응답하였던 루터도 의외의 사태에 직면하여 당황하지 않을 수 없었다. 그는 급히 '농민 살인 및 강도단에 대항하여'라는 문서를 작성하여 반도를 엄하게 규탄하고 폭동 진압을 위해 봉건 제후가 직접 무력 행사를 하도록 호소하였다. 그는 반란자에게 대단히 분격하여 '철저하게 탄압하라'고 절규한다.

　10만명이 넘는 희생자를 내고 전쟁은 농민 측의 대패배로 끝났다. 루터의 이런 언동은 역사상에 명기되게 되며, 그럼에도 불구하고 그의 종교적 공적은 불멸의 빛을 발하고 있다. '신앙의 자유'를 슬로건으로 하고 성실한 마음으로 '십자가와 수난으로 싸운다'라는 그의 복음주의는 기독교 세계에 경종을 울리고 재생을 촉구한 것이다. 1546년 63세로 그는 파란 만장한 생애를 마쳤다.

칼뱅

Jean Calvin

(1509~1564년)

　막스 베버에 의하면, 근대 자본주의의 정신은 프로테스탄티즘과 불가분하며, 특히 칼뱅이 주장한 금욕주의와 직업 노동의 장려가 근대 사회에 미친 영향은 헤아릴 수 없는 것이라고 한다. 똑같은 프로테스탄티즘이었던 루터의 교설도 분명히 직업관을 포함하고는 있지만, 실제 직업 노동의 자극제로 작용한 것은 역시 칼뱅주의였다고 말할 수 있다. 루터주의를 초월하기 위한 실천적 힘은 이 칼뱅주의의 창시자 칼뱅의 생애로부터 태어난 것이다.
　칼뱅은 본래 조급하고 성을 잘 내는 경향이 있었으며, 이 기질은 특히 인생의 후반기에 현저하게 나타난다. 병약한 체격으로 시대의 새로운 기풍을 몸으

칼뱅

로 받아들이면서 서재에서 진지하게 미래의 검토에 몰두하던 청년 칼뱅에 비해 제네바 시절의 성인 칼뱅은 밖으로 로마 교회 안으로 적대자라는 이중의 적과 싸우면서 강력한 프로테스탄트 교회를 수립하려고 쉬지 않고 밀어닥치는 시련에 견뎌야만 하였다. 그 곳에 있는 것은 투쟁의 어려움뿐이며, 따라서 그의 생활도 당연히 가혹한 것으로 되었다.

장 칼뱅은 1509년 7월 10일 북프랑스의 노와용이라는 마을에서 태어났다. 아버지 듀랄은 관공서의 서기, 사교의 비서, 성당 참사회의 재무계를 겸한 소시민층의 한 사람이었다. 어머니 장은 경건한 여성이었다. 교회에서 학비를 받은 칼뱅은 교육면에서 경제적인 불편 없이, 또 조용한 교회 도시라는 환경에서 안정된 생활을 보낼 수 있었다. 14세에 파리의 콜레쥬 드 라 마르슈에 입학하여 자유로운 학풍 가운데에서 라틴어 공부에 힘썼다. 당시 파리에서는 루터의 신앙이 들어와서 프랑스의 인문주의적 풍조와 어울려서 칼뱅에게 강한 영향력을 미쳤다. 다음해 몽테규의 기숙사로 옮겼으며, 그 곳에는 전통적인 스콜라 철학의 교육 방침을 갖고 있었으므로, 이른 아침부터 시작하여 밤 늦게까지 계속되는 교과는 소년 칼뱅을 괴롭혔다. 그러나 그런 지식과 육체의 단련이 이미 본 바와 같이 칼뱅 후기의 다망한 생활에 영향을 준 것은 확실하다. 당시에는 교회에 대한 회의도 후세와 같이 강하지 않았지만, 위클리프, 후스, 루터 등의 종교 개혁자들의 가르침에 심취해 있던 친구들과 점점 종교적 진리를 의논하였다. 이런 분위기 중에 있었으므로, 전부터의 소망이었던 사제에의 길도 그의 의향에 걸맞지 않게 되었다.

19세에 칼뱅은 아버지의 교회와의 불화도 원인이 되어 법률학으로 전향하려고 계획하여 그 후 2년간을 오를레앙과 부르제 대학에서 법률 공부에 열중

칼뱅

하였다. 22세가 된 칼뱅은 당시 보수적으로 명성이 높은 소르본느 대학에 대항하여 설립된 '왕실 교수단'의 모임에 출석하며 그 이후 전보다도 빈번하게 인문주의자들과 교제를 하였다. 이 모임에서 토의된 주제가 종교 개혁 운동의 추진이었기 때문에 로마 교회에 대한 비판적 사상을 착실히 익혔다. ≪세네카의 관용론 주해≫가 특히 문제가 된 것은 다음해인 1532년이었다. 이 중에서 그는 확실히 인문주의적 견해를 나타낸다.

다음해 파리 대학의 연차 학장으로 선출된 칼뱅의 친구였던 니콜라 코프가 학장 취임 연설을 하였을 때 그 내용이 너무 인문주의적 색채가 농후한 것이었기 때문에 같은 입장을 취하고 있던 칼뱅에게도 온건한 학자들로부터 비난이 퍼부어졌다. 이미 파리 탈출이 어쩔 수 없게 된 칼뱅은 급거 나바르 공비 마르그리트를 연고로 하여 앙굴렘으로 도주하여 그 발길로 고향인 노와용으로 가서 예전부터 받고 있었던 교회록을 사퇴한다. 이것은 분명히 로마 교회와의 결별을 의미하였다.

그 후 스위스 도시 바젤로 그는 도주하였다. 그때 그의 최초 업무는 프랑스의 신교도 운동을 지원하는 일이었다. 이렇게 말하는 것도 당시의 프랑소와 1세가 외교상 독일 프로테스탄트 제후와 제휴하여 신앙상의 이유로 신교도를 탄압하는 것이 아니고 그들이 정치적인 모반자이기 때문이라 그렇게 하는 것이라는 거짓 캠페인을 퍼뜨렸기 때문이다. 이러한 기만을 폭로하는 일을 목적으로 해서 쓰인 것이 1536년(27세)에 출판된 ≪기독교 강요≫이다. 이 프로테스탄트 최고의 신학서로 평가되는 책 중에는 그의 신학 사상의 가장 기본적인 주장, 즉 하나님의 절대 불가침한 전능이 주장되고 있다. 구원과 인간 능력과의 구별, 하나님의 영원한 계획에서 미리 정해진 구원 받은 자와 받지 못한

칼뱅

자의 구별이라는 유명한 이중 예정설도 이 책에 쓰여져 있다.

이 종교사상 지극히 중요한 책을 출판한 뒤 칼뱅은 그의 개혁 운동의 거점으로 된 제네바로 부임한다. 수년 전부터 이미 개혁 운동이 진행되었던 이 도시에서 이 운동의 추진자 파렐이 그를 방문하고 도움을 청했다. 이 부탁은 생애를 조용한 학구 생활로 보내려고 결의했던 칼뱅에게는 돌연한 일이었으므로, 당분간 골똘히 생각하였으며, 생각에 잠긴 칼뱅을 보고 파렐은 '자네는 그리스도의 일은 생각하지 않고 자기 자신의 일만 생각하고 있다'고 화를 냈다. 칼뱅의 후의 후술에 의하면, 이때 그는 '마치 하나님이 하늘에서 내 위에 손을 내밀어 나를 붙잡은 것과 같았다'. 이날 이후 본격적으로 운동에 참가한 칼뱅으로서 이 사건은 평생 잊을 수 없는 것으로 되었다. 같은 해 칼뱅은 로마 교회 신학자들과 공개 토의 장소에서 잇따라 능숙한 논리를 전개하여 청중의 감동과 박수를 받았다. 그의 변론에 귀를 기울인 사람들 중에는 그의 개혁 진의를 파악할 수 없는 사람도 있었지만, 그는 시민 중에서 그의 바람직한 이해자를 뽑아 장노 회의를 구성한다. 이것을 기회로 구성원의 규율을 지키기 위해 쓰인 것이 ≪신앙 고백≫이었다. 그 내용은 이 규율에 따르는 자와 따르지 않는 자의 명확한 구별을 목표로 하는 것이었다. 그러나 그 중에는 이런 엄격한 형태의 신앙 고백과 자신의 책임으로 결단하는 규율에의 맹세에 반항하는 자도 있었다. 자유로운 개인의 자각에 의거하여 시작된 새로운 종교 운동의 문제점의 하나가 그 곳에 있다. 현실적으로는 분명히 근대적 자아의 자각을 촉구하기에 적절했던 종교 개혁도 집단과 개인의 사상사상(思想史上) 지극히 복잡한 문제를 제시하고 있다고 생각된다.

여하튼 칼뱅의 새로운 착상이 실행되었다. 그러나 공무원 선거로 뽑힌 4명

칼뱅

중 3명이 칼뱅에게 비판적인 사람들이었기 때문에 그 이후 무엇인가 차질이 많았다. 반드시 자신이 원하는 것이 시민에게 이해되는 것은 아니라는 것을 알고 그는 쫓기는 듯이 이 땅을 떠났다.

다시 학구 생활을 하려고 결의하였다. 그러나 또다시 스트라스부르의 개혁자들이 그를 필요로 하였다. 그리고 1538년 그는 스트라스부르로 갔다. 이곳에서 칼뱅은 스트라스부르 개혁의 중심 인물 마틴 부파를 알게 된다. 여기서도 그의 이론적 재능이 인정되어 부파와 함께 몇 번이나 토론회에 출석하였다. 그는 스트라스부르에 3년간 체재하였으며, 다망한 날을 보내고 있던 그에게 한 사람의 상냥한 여성이 나타났다. 칼뱅은 이들레트 드 뷸이라는 여성과 결혼한다(1540년). 2년 후 두 사람 사이에는 아이가 태어났으나 곧 세상을 떠났다. 그리고 부인 이들레트도 1549년에 죽었다. 그의 결혼 생활은 개혁자 칼뱅에게 어울리게 비극적인 것이었다. 그러나 그것은 경건함과 신뢰로 가득 찼으며, 기독교적인 남녀의 공동 생활의 이상이었다고 한다.

한편 제네바에서는 1541년 의회가 칼뱅과 파렐의 추방 취소를 결정하고 다시 칼뱅을 귀환시키려고 하였다. 그리고 초대장을 받은 그는 제네바로 돌아왔다. 죽을 때까지 그는 이 땅에서 23년간 개혁 운동에 몸을 바쳤다. 제네바행을 결심했을 때 그의 심경은 다음과 같았다. '나는 자기 자신의 주가 아니라는 것을 생각하므로 자신의 마음을 제물로 도살당하는 것과 같이 주에게 바치는 것이다.' 이것은 확실히 무거운 걸음이었다. 그러나 이 심경의 이면에는 그의 특유한 일말의 감상도 섞지 않는 냉정한 ≪교회 규율≫이 숨겨져 있다. 규율을 위반한 자에 대한 처치는 여기서는 명백한 형태로 사형을 의미하고 있었다. 향락, 사치, 안일, 모독, 마술 등의 배격을 골자로 하는 생활 규율에 의해

칼뱅

1542년부터 1546년 사이에 제네바에서 처형된 사람이 48명 추방된 사람이 76명에 달했다. 틀림없이 제네바는 칼뱅의 도시로 되었다.

1564년 봄 칼뱅은 소의회의 의원을 자택으로 초대하고 최후의 작별을 아서 위했다. '나는 제군에게 용서받아야 할 약점을 많이 갖고 있었다. 그리고 내가 한 일은 모두 아무 가치도 없는 것이었다. 이렇게 말하면 악한들은 정말로 그와 같다고 말할 것이다. 그래도 나는 이렇게 말해야 한다. 내가 한 일은 모두 아무 가치도 없는 것이었다. 그리고 나는 비참한 일개 인간인 것이다. 그러나 이렇게 말할 수는 있다. 내가 의도한 일은 정당했다.' 이 신념에 일관된 칼뱅의 말은 역사에 나타난 칼뱅과 어떻게 겹치는 것일까? 이 작별의 말은 그대로 그의 죽음을 의미하고 있었다. 1564년 55세의 그의 죽음은 마치 전사의 죽음과 같았다고 한다.

칼뱅의 자본주의 사회 형성에 부여한 영향은 막대한 것이었다. 그의 금욕 윤리는 정치적 경제적인 당시의 정세 중에서 당연히 일어나야 할 것이 일어난 것이며, 그것이 이미 기술한 바와 같은 잔혹한 행위를 만들어 냈다고 말할 수 있다. 현대에 사는 우리들로서 그 행위는 단지 윤리적 판단에 의해 판가름 되어야 할 것이라기보다 오히려 그것은 경제적 상황과 윤리와의 사이에서 살 수밖에 없는 인간의 역사적 변천에 비추어 생각되어야 할 것이다. 이런 의미에서 근대를 알려고 하는 사람에게 칼뱅의 존재는 위대한 것이다.

베이컨

Francis Bacon

(1561~1626년)

사상가에 따라 정도의 차이는 있지만, 근대 초기에 위치하는 사상가는 일반적으로 파란 만장한 일생을 보낸 사람이 많다. 전기(傳記)의 내용도 사람에 따라 다르지만, 그 중에도 정치를 무대로 활약한 사람만큼 부침이 심한 사람도 없을 것이다. 베이컨은 생애의 태반을 그러한 세계에서 보낸 대표적인 인물이다. 그 점에 초점을 맞추어 그의 생애를 추적해 보자.

그는 1561년 1월 22일 런던 교외 스틀란드의 명가에서 태어났다. 아버지인 니콜라스 베이컨은 엘리자베스 여왕 밑에서 국새 상서를 역임하였으며, 어머니는 안소니 쿡 경의 차녀였다. 어머니의 누이는 후에 엘리자베스 여왕의

베이컨

총신이 된 바리 경의 부인이다. 이런 혈연으로 보아도 베이컨이 얼마나 풍요한 환경에서 태어났는지 알 수 있으며, 그것은 또 그가 선택하게 되는 길이 필연적으로 정치 방향으로 통하는 것을 가르쳐 주는 것이다. 어렸을 때부터 기지가 풍부한 모양으로 여왕이 나이를 묻자, '폐하의 치세보다 2년 적습니다' 라고 대답했다고 하는 유명한 에피소드도 있다.

1573년, 형 안소니와 동시에 케임브리지의 트리니티 칼리지에 입학했으며, 이때 그는 겨우 12세로 이미 철학(스콜라 철학)이나 법률학을 배울 실력을 충분히 갖추고 있었다. 앞에서 본 바와 같이 아버지는 정계의 중추에 정통하여 실제 국사에 종사하였으므로, 그것만으로도 아들의 장래를 법률이나 정치에 기대하는 바가 커서 프란시스가 15세일 때 이 방면의 공부를 시키려고 주불 대사에 수행하여 그를 프랑스 파리로 유학을 보냈다. 그러나 그때까지는 학문으로 배운 정치관밖에 지니지 못한 프란시스는 당시 프랑스를 소용돌이친 신구 양 교도의 정면 대립을 눈앞에 두고 정치 세계의 생생한 현실을 점점 깨닫게 되었다. 소위 신구 양 교도에 의한 위그노 전쟁(1562~1598)에 따른 프랑스 전체의 혼란기에 있었기 때문에 그들과의 대결로부터 새로운 정치관, 새로운 세계관의 필요성을 그는 뼈저리게 느꼈다. 더구나 1579년 부친의 급사가 타국에 있는 프란시스에게 전해지고 급거 그는 본국의 집으로 돌아왔다. 그러나 그 곳에 기다리고 있었던 것은 단순히 부친 사망의 슬픔뿐 아니라 뒤얽힌 유산 문제였다. 생전에 부친은 프란시스에게 토지를 줄 예정이었으나 그의 돌연한 죽음 때문에 주지 못했다. 아버지 니콜라스에게는 전처와의 사이에 3명의 아들, 후처와의 사이에 프란시스와 형인 안소니 2명이 있었다. 그런 의미에서 그는 유산의 5분의 1을 획득할 수 있는 자격을 얻었지만, 아직 생활

베이컨

력도 안정되지 못한 그에게 그것은 결코 충분한 것은 아니었다. 이 생활 기반의 불안정에서 오는 정신적인 실망은 상당히 컸던 모양으로 그것은 그 후에 격렬하게 타오르는 출세욕의 초석을 쌓는 커다란 요인으로 되었다. 프랑스 사회의 혼란한 영상이라고도 하고, 사적인 생활 문제가 준 충격이라고도 하며, 그의 이후 인생의 흐름을 규정하는 결정적인 요인은 어느 것이나 현실의 산 토양 중에서 솟아나왔다고 말할 수 있을 것이다.

이런 관점에서 그의 생애를 펴보면 무엇보다도 우리들에게 인상 깊게 생각되는 것은 그 유명한 '수뢰 사건'이다. 이것으로 옮기려면 우선 그 과정을 간단히 설명해야 한다. 부친을 잃은 해 생계를 꾸리기 위해 우선 그는 글레이즈 인 법조원에 들어가 장래 업무의 제일보를 내디딘다. 1582년 하급 변호사, 1584년(23세) 백부인 바리 경의 원조로 국회의원이 되고, 1586년 글레이즈 인 법정 변호사, 1589년 동 학원 강사로 그의 정법계에서의 출세는 눈부신 것이었다. 그리고 1589년 엘리자베스 여왕의 총신이며 여왕의 연인이라는 소문이 있었던 에섹스 백작과 서로 알게 되어 베이컨은 그의 고문이 된다. 그런데 에섹스는 베이컨의 백부 바리와 아주 사이가 나쁘기 때문에 바리로서는 베이컨의 출세만이 아니라 예전의 좋은 백부에게 등을 돌리고 자신의 숙적에게 의지하는 그의 거동을 좋아할 리가 없었다. 이유는 어쨌든 베이컨이 바리 경을 배반한 것은 사실이다. 그리고 은인에게 불신감을 준 베이컨은 그 답례로 에섹스도 자신이 배반하는 결과로 된다. 그것은 1599년 아일랜드 반란 때 에섹스가 여왕의 허가 없이 반도와 손을 잡고 일으킨 폭동이 원인이었다. 그 일로 여왕의 노여움을 사서 마침내 에섹스는 구금되게 된다. 일단 구금이 풀린 그는 다시 1601년 런던 폭동의 주모자 혐의로 여왕에게 고소당했으

베이컨

며, 그때의 여왕 측 소송 대리인이 베이컨이었다. 운명의 끈은 어디까지고 따라다녔다. 예전의 은인이 이제는 법정의 적대자로 출현하게 되며 에섹스의 사형으로 종료된 이 사건은 베이컨에게 일생 동안 배은 망덕한 자라는 악평을 주게 되었다.

그러나 타고난 출세욕과 근대적, 합리적 정신은 결코 그를 곤경에 빠뜨리지 않고 부정을 극복하여 점점 그에게 삶의 에너지를 주고 있었다. 세상도 변하여 엘리자베스 여왕이 사망한 후 여성적 국왕으로 알려진 제임스 시대가 왔으며, 1604년 베이컨은 제임스의 변호사로 임명되었다. 이 무렵부터 그의 생활도 전성기를 맞았다. 사생활로서는 1606년 5월 46세로 당시 런던시 참사회원의 딸인 앨리스 바남과 결혼하여 생활도 안정되었다. 2년 후인 1608년 이후의 사상계에 파문을 일으킨 그 유명한 《신오르가논》도 세상에 나온다. 이 동안 법무 차관의 지위도 얻어서 그의 전도는 지극히 밝았다. 그러나 순풍에 돛을 단 듯한 인생기도 드디어 암초에 걸리는 때가 왔다. 즉, 1621년의 '수뢰 사건'이다.

이미 대법관의 지위까지 승진한 베이컨(1619년)에게 친구와 신봉자에 의한 성대한 60세 생일 축하연을 끝내자 마자 뜻하지 않은 불행이 닥쳐 왔다. 하나는 정부의 중추가 결단을 내렸던 대외 정책에 대한 국민의 불만이 폭발 직전에 달했으며, 그에 따라 정치 책임자에 대한 탄핵의 소리가 높았던 것이 바로 '아닌 밤중에 홍두깨'의 근원이었다. 더구나 이해 3월 몇 사람의 증인에 의해 베이컨이 재판을 할 때 고액의 돈을 받고 게다가 자신들에게 불리한 판결을 내렸다는 사실이 밝혀졌다. '많은 직권 남용이 발견되었다. 고발되어야 할 것은 대법관 바로 그 사람이다'라는 심의 위원회의 결정에 의해 드디어 상원

베이컨

청문회로 이송되었다. 이 사건이 얼마나 그의 심중에 무거운 추를 달았는지 백부와 친구를 배반까지 하면서도 출세한 길로만 살아 온 그의 반생에 어떤 충격을 주었는지는 같은 해 3월 17일 최후의 등원을 마친 밤의 병이 잘 보여 준다. 분명히 중병이었다. 그러나 애통한 그가 술회하는 바는 '선물'에 대한 시비론은 아니고 어디까지나 그것을 받고 재판에 임한 인간의 양심론밖에 없었다. '나는 항상 공정한 재판을 하기를 바라고 있었고 중립을 잃은 재판은 한 일이 없다. 아버지로부터 타인을 증오하는 성질을 물려받지 않았으며, 애국자였으며, 국민의 압박자는 아니다. 수뢰나 뇌물에 관해 내가 부패의 원천이 아니라는 것은 헤아려 주기 바란다.' 이런 신중한 변명의 뜻도 정치 세계를 움직이는 힘을 지니지 못하고 결국 상원에 처리를 일임하는 형태로 되어 같은 해 5월 3일 판결이 내렸다. 4만 파운드의 벌금, 런던탑 유폐, 공직 금지 등의 판결을 받은 그는 제임스의 다대한 배려 아래 불과 3일간의 유폐를 받는 것에 지나지 않았지만, 이제까지 얻은 명예와 지위의 상실은 그의 인생의 만년이 여실히 말하고 있다.

그런데도 이 '수뢰 사건'이 말하는 베이컨 그 사람에 대한 평가도 후세의 많은 사상가에 의하면, 다종 다양한 해석이 있다. 당시의 관습으로는 수뢰는 당연한 것이라고 하는 러셀의 관용적인 해석, 베이컨 자신도 깨닫고 있었던 것처럼 오직(汚職)의 배후에 은폐되어 있는 국왕과 국민과의 대립에 의한 희생자라고 하는 구노 피셔의 해석, 화려한 공직에 일생을 바치면서도 어떤 종류의 극도로 약한 성격에서 오는 것으로 천한 이욕 때문의 과실은 아니라는 포이에르바흐의 해석이 있다. 이들 평가의 시비는 별도로 하여도 파란 만장한 생애를 보낸 그에게 어울리며, 그를 해석하는 사상가들의 수나 면면도 다채롭

베이컨

다.

 이제 '자유의 몸'으로 된 베이컨이 소위 사상가 베이컨으로 변모한 것은 틀림없이 이 사건 이후였다고 말해도 과언은 아닐 것이다. 왜냐하면 공직을 물러난 그는 연구에 전념하고 자신을 사상가답게 하는 저작을 잇달아 발표하였기 때문이다.

 1626년 봄 혹한 중에서 '부패 방지'에 관한 연구를 위해 집밖에서 닭의 배에 눈을 채우는 작업을 하던 베이컨은 독감에 걸려 그것이 원인이 되어 드디어 불귀의 객으로 되어 버렸다. 65세였다. 과학적 실험에의 집요한 탐구심이 초래한 결과라고는 하지만, 그의 화려한 생활에 대비하여 다시 그의 생애를 돌이켜볼 때 어떻게 운명이 무참한 말로로 그를 이끌었는가 아연하지 않을 수 없다. '이 길은 처음에는 험하고 괴롭지만, 마지막에는 열린 나라에 이른다. 그에 대해 다른 길은 처음에 볼 때 가기 쉽고 장해도 없는 것 같지만, 갈수록 길이 없고 절벽에 이른다.' 이것은 '신오르가논' 중의 유명한 일절이지만, 비판으로 기술되어야 할 '다른 길'이야말로 역으로 그가 걸은 현실의 길은 아니었을까? 인생은 '실험'에 거는 것을 허용하지 않는 엄격한 것이다.

데카르트

René Descartes

(1596~1650년)

'생각하는 나'를 주장한 데카르트가 근대 철학의 초석을 구축하였다고 하는 사실은 헤겔을 위시하여 많은 후대 철학가가 인정하고 있는 바이다. 주지하는 바와 같이 데카르트가 인식론상의 기본적 도식으로 세계의 중심에 '사고=주관'을 고정시켰기 때문이다. 세계를 대상으로 하고, 그것을 주관이 의도하는 점에 따라 새롭게 조립하는 학문적 방법은 넓은 뜻의 '과학적' 탐구의 길을 개척한 것이었다. 이 사실을 전하는 가장 확실한 증거는 그가 이탈리아의 갈릴레이 저서 《천문학 대화》에 관련된 비극적인 판결(코페르니쿠스의 지동설에 찬성하여 로마 교황청으로부터 금서로 된 것)을 충분히 알고 있었으며,

데카르트

갈릴레이와 거의 같은 견해를 나타내고 있는 자신의 저서를 출판 보류한 점으로도 살필 수 있다. 물론 이것은 천문학적인 면에서의 그의 과학적 정신의 발로이지만, 그뿐만 아니라 그의 생애를 일관하고 있는 학문은 기상학, 역학, 기하학, 대수학 그리고 법학, 시학에까지도 미치고 있다.

그러나 그의 근대 철학의 기초인 과학적 인식 주관을 지지하고 있는 것은 이 세상에서 가장 공평하게 분배되고 있는 양식이다. 더구나 이 양식을 단순히 소유하는 것뿐 아니라 이성의 요구에 따라 올바르게 처리하는 것이다. 데카르트의 일생은 확실히 이성이 향하는 대로 경험으로부터 지식을 얻는 것, 소위 이성의 편력이라고 말할 수 있다. 이 점에 초점을 맞춰 그의 전기를 보도록 하자.

르네 데카르트는 1596년 3월 31일 중부 프랑스의 서쪽에 있는 투렌 주의 라 아이에서 태어났다. 로안 강의 지류에 접한 이 땅은 그의 이름을 기념하여 라 아이 데카르트라고 불리고 있으며, 아름다운 풍경에 싸여 있다. 아버지는 부르타뉴 지방의 고등 법원 평정원에서 파스칼과 같이 법복 귀족 출신이었다. 그의 탄생 후 곧 어머니는 사망하였다. 10세에 그는 집에서 약간 떨어진 곳에 있는 라플레슈 학교에 입학한다. 그 자신 '이 지상 어딘가에 학식이 있는 사람이 있다고 하면 여기야말로 있을 것이다.'라고 말하는 바와 같이 이곳에서의 8년간 생활은 학문상 필요한 학과를 대부분 마스터시켜 주었다. 그것은 그리스와 로마의 고전 문학 세계, 아리스토텔레스 철학과 기독교 신학의 통일로 구성되는 스콜라 철학 전반이다. 그는 선천적으로 연약한 신체였지만, 이 라플레슈 학교에서도 건강상의 이유로 예외로서 특별한 취급을 받을 정도였다. 학원의 설립은 앙리 4세의 원조에 의한 것으로 신구 양 교도의 격렬한 대립

데카르트

가운데서도 루터나 칼뱅의 엄격주의적 풍조와는 반대로 르네상스적 분위기가 아주 빨리 도입되어 있었다. 그리고 데카르트는 이 자유로운 환경 중에서도 그 이상으로 자유로운 특전, 즉 늦잠을 자는 허가를 부여받았다고 한다. 그에 따라 곧 우리들이 짐작이 가는 것은 저명한 ≪방법 서설≫에 기술된 종일 화로방에서 체험하였다고 하는 사색의 풍경이다. 만년의 사색과 명상에 빠져 있는 모습은 막 10세가 된 소년의 어떤 나른함을 감추고 있으며, 그럼에도 침실의 어딘가 하나의 점을 응시하는 맑은 눈동자를 가득 채운 몸짓에 일맥 상통하는 것처럼 생각된다.

1614년 18세에 이 학원을 졸업하고 그 이후 2년간 포와체에 있는 대학에 들어가 법학과 의학을 공부하였다. 그러나 이 기간에 법학사 학위까지 얻을 정도로 학문에만 몰두했던 그가 20세일 때 '나는 많은 의심과 오류에 시달렸으며, 지식을 얻으려고 노력하면서 도리어 점점 자신의 무지를 나타냈다고 하는 것 외에는 아무런 도움을 얻지 못했던 것으로 생각된다.'라는 심경에 도달한다. 그것을 계기로 괴테의 파우스트처럼 인간 수업의 여행을 떠나기로 결심하기에 이른다.

'나는 여행을 하며, 궁정과 군대를 보고, 다양한 신분의 사람과 교제하여, 다양한 경험을 쌓고, 운명을 바칠 기회에 자신을 시험하고, 온갖 곳에서 눈앞에 나타나는 것마다 무엇인가 이익을 찾아내려는 반성을 하기 위해 자신의 남은 청춘을 소비하려고 하였다.'

이렇게 해서 학문의 길을 포기하려고 그는 '세상이라고 하는 기록'을 찾아서 파리에서 지내게 된다. 파리에서의 귀족풍의 생활은 그에게 놀이친구와 마술과 검술을 주었다. 검술에 대해서는 신장이 같은 검사가 같은 힘과 같은 길이

데카르트

의 칼을 가지고 싸울 경우 어떤 조건 아래서 승부가 나는가 하는 논문을 쓸 정도였다. 이 이론의 실천을 위한 것이라고 말할 수 있는지 어떤지는 별도로 하고 후의 그의 검술의 기호를 보여주는 에피소드가 생긴다. 그것은 두 개이며 하나는 독일에서 프랑스로 돌아오는 도중(1622년)의 일로 배에 탔을 때 데카르트를 선장이 상인으로 착각하여 돈을 빼앗고 바다에 던지려고 한 일에 분기한 그의 무용전이다. 다른 하나는 한 부인을 둘러싸고 또 다른 남자와 결투를 하여 상대방의 검을 쳐서 떨어뜨려 그 남자의 허락을 받았다고 하는 이야기이다. 어느 것이고 어딘가 영화의 한 장면을 생각나게 하는, 데카르트가 장부를 방불케 하고 있어서 미소가 나온다. 앞의 검술 이론을 만들어 낸 그의 수학적 재능은 마치 이런 사건을 예측하고 있었던 것 같지만, 당시의 시대상을 나타내는 에피소드 중에도 그의 이성의 족적을 우리들은 인정할 수 있다.

  1618년 22세에 그는 프랑스를 떠나 네덜란드로 가서 모리츠 드 나소 공의 군대에 지원한다. 나소 공의 군대는 일찍부터 군사 과학의 조직화를 앞서서 주장한 사람으로 데카르트도 이 방면에 깊은 흥미를 갖고 있었다. 왜냐하면 축성이나 제도나 화기의 응용 등 전쟁에 따라다니는 과학적 방법은 그의 흥미를 돋우기에 틀림없기 때문이다. 이해 독일에서 보헤미아의 신교도가 팔츠 선제후 프리드리히를 왕으로 옹립하고 독일 황제를 상대로 반항한 이후 30년 전쟁에 들어간다. 데카르트는 즉시 이 전쟁 중 구교군에 참가하기 위해 독일로 갔지만, 전쟁이 교착 상태로 되어 휴전이 되었을 때 도나우 강가 우룸 시가의 변두리에 있는 마을 겨울용 숙소에 머문다. 그 곳에서 체험한 것이 그 화로방의 사색이다. 그때의 꿈은 데카르트에게 하나의 계시처럼 철학 전체를 자신

데카르트

이 새롭게 다시 창조하는 임무를 신으로부터 점지해 받았다고 생각하게 하였다. 그것은 악천후인 날 새벽녘에 독일식 스토브가 있는 방에 들어가 하루 종일 명상한 결과 생겼다. 러셀은 이때의 상황을 '소크라테스는 자주 눈 속에서 하루 종일 사색했지만, 데카르트의 두뇌는 신체가 따듯한 때에만 활동했다'라고 유머를 담아서 말하고 있지만, 앞에 기술한 라플레슈 학교의 생활 태도는 여기서 명백한 철학적 사고로 발전하였다고 말할 수 있다.

1621년 전쟁에서 손을 뗀 그는 1625년 다시 파리에서 살지만, 여기서도 침상에서 대단히 늦게 일어나는 습관을 가졌던 모양으로 아침 일찍 방문하는 친구에게 꽤 시달렸다. 그런 일도 있어서 1628년 이후 21년이라는 오랜 세월을 네덜란드에서 보내게 된다. 네덜란드는 그의 생애의 침실이었다고 말할 수 있을 것이다. 인간 관계의 번거로움을 피하기에는 알맞은 장소였기 때문이다. 이곳 생활 초기(1634년)에 그는 독신 생활을 계속했으나 한 사람의 하녀를 사랑하여 프랑신이라는 딸을 낳았다. 이 딸에 대한 애정은 대단한 것이어서 5세에 열병으로 죽었을 때 '이 세상 최대의 괴로움이다'라고 말한 것으로 나타난다. 여성과의 만남으로는 유명한 앞에 기술한 팔츠 선제후 프리드리히의 장녀 엘리자베스와의 사제 관계가 있다. 이 관계는 1643년 이래 계속되어 그녀는 데카르트 철학에 정통하여 그의 영원한 아포리아, 즉 심신 이원론의 문제에 예리한 질문을 퍼부은 것으로도 유명하다. 그 대화에 대해서는 때로는 그도 답변이 곤혹스런 경우도 있었던 모양으로 그때마다 응답한 결과 완성된 것이 ≪정념론≫이다.

1649년 데카르트가 52세일 때 또 한 사람의 여성, 스웨덴의 여왕 크리스티나가 그의 앞에 나타난다. 러셀은 이 만남을 '불행'이라고 표현하고 있으며,

데카르트

그것은 데카르트의 생명을 끊는 일과 관계하고 있기 때문이다. 이 여왕은 학문적인 면에서도 지극히 정열적인 여성으로 이 위대한 철학자를 자신의 주변에 두고 직접 가르침을 청한 것이다. 그 때문에 그녀는 해군 제독을 보내 군함으로 그를 영접하였다. 아무래도 북구의 바다와 얼음으로 싸인 이 나라의 땅을 밟기에는 너무 미약한 그는 잠시 망설였지만, 여왕의 열의에 넘어가서 결국 결심하였다. 여왕의 데카르트에 대한 배려는 더할 나위 없이 철저하였다. 그러나 바쁜 나날을 보내는 여왕에게는 '하루 중 가장 조용하고 가장 자유로운 시간이며, 직관력도 가장 안정되어 있고, 국무의 번거로움에서 두뇌도 가장 해방되어 있는 시간'은 오전 5시였다. 벼슬살이의 괴로움이 얼마나 혹독하고 엄격한 것이었는지는 그의 폐렴이 나타내고 있다. 타고난 늦잠꾸러기인 그가 스칸디나비아의 겨울 아침 연약한 몸을 질질 끌며 근무한 결과가 병으로 되는 것은 당연한 일이었다. 결국 그는 이 폐렴을 악화시켜 병사하게 된다. 향년 53세였다. 기록이 전하는 바에 의하면, 병상에서도 그의 과학적 정신은 흔들림이 없었다. 여왕이 보낸 의사도 거절하고 자신의 신체의 의사는 자신이라는 지론에 의거하여 스스로 치료하였다. 죽음의 순간까지 자신을 확인하려 하였고, 죽음도 또한 자신의 오진 결과라고 하는 데카르트의 인식 태도야말로 과연 근대 이성의 창시자에 어울리는 최후였다고 말할 수 있을 것이다.

파스칼

Blaise Pascal

(1623~1662년)

'청빈한 신앙인'이라는 이미지는 가장 파스칼적이라고 말할 수 있을 것이다. '토리첼리 진공의 최초 실험자이며 적분 계산을 착상한 사람'이라는 것도 또한 파스칼을 생각하게 하는 데 어울리는 이미지이다. 그러면 '계산기의 발명자이며 승합 마차의 원조' 파스칼이라고 설명한 경우는 어떨 것인가? 이 이미지는 파스칼적이 아니라고 생각될지도 모른다. 그러나 그것도 또한 파스칼의 이미지이다. 그렇게 보면 새삼스러운 말 같지만, 파스칼의 다채로움에 우리들은 감탄하지 않을 수 없다. 그들 많은 이미지를 일괄하여 생각해 보면 과학의 눈과 신앙의 눈 양쪽을 갖는 파스칼 상이 떠오르리라고 생각된다. 결국 신앙

파스칼

과 과학이라는 고래 유럽의 사상 중에서 몇 번이나 나타났다가 사라지기를 계속한 문제를 근대라는 시대에서 파스칼도 자신 나름으로 새롭게 생각하려고 한 것이다. 이 신앙과 과학 사이를 생애에 그는 흔들이처럼 흔들렸다. '기하학의 정신'과 '미세 정신'이라는 《팡세》 중의 두 개의 말은 이상과 같은 사정을 배경으로 하여 해결되어야 할 것이다.

파스칼은 1623년 6월 19일 프랑스 오베르뉴 주의 작은 마을 클레르몽에서 태어났다. 아버지 에티엔느와 어머니 앙트와네트 사이에는 4인(그 중 한 사람은 어려서 사망하였다)의 자녀가 있었다. 파스칼은 누이 사이에서 자랐다. 어렸을 때(3세) 어머니를 잃은 그의 교육자는 아버지였으며, 이 아버지는 그의 사상에 강한 영향을 주었다. 한 살 때 생애에 그를 괴롭히게 되는 병(두통)의 징후가 나타났다. 이때 그는 신체의 쇠약 상태에 빠지고 물을 보면 공포를 느끼며 양친이 가까이 오면 울기 시작하는, 어린이에게는 드문 반응을 일으켰다. 이것이 거의 1년 계속되었을 때 원인은 요술을 부리는 여자의 마법 때문이라고 하게 되었다. 당초 이를 믿지 않았던 아버지도 너무 병이 심하기 때문에 견딜 수가 없어서 이 여자를 졸랐다. 여자는 두 마리의 고양이를 죽이면 낫는다고 말했다. 그대로 했더니 실제로 파스칼의 병이 나았다고 한다. 과연 천재 파스칼을 알리는 데 어울리는 일화이지만, 과학자 파스칼의 이미지에 비추어 보면 아무튼 얄궂은 이야기이다.

자녀의 양육자가 된 아버지는 당시 재혼의 관습이 세상에 있었음에도 불구하고 한 사람 사랑하는 부인의 유지에 따라 그 일생을 자녀에게 바쳤다. 파스칼 일가는 1631년부터 1636년 동안 부인의 죽음의 슬픔을 회피하려고 오베르뉴와 파리를 몇 번이나 왕래하였다. 물론 그것은 자녀들의 교육적 배려도

파스칼

있었다. 아버지는 그들에게 가정 교사를 딸리지 않고(당시의 풍습으로는 딸리게 하는 것이 보통이었다), 집에 있을 때는 물론 여행중에도 형제간에 서로 가르치는 것을 엄격히 해왔다. 교육 계획도 아버지가 세웠다. 12세까지 파스칼은 대포의 화약 작용을 배우거나, 식사중 나이프의 소리로부터 음향의 지식을 얻는 소위 잡학을 배웠다. 어학 공부를 시작하기 전에는 아버지로부터 일반 언어론, 즉 언어란 무엇인가 하는 상당히 추상적이며 고도의 교육을 받았다고 한다.

12세 때의 일이다. 수학자이며 과학자이기도 했던 아버지가 동료 서클에 출입하고 있던 어느날 소년 파스칼은 전부터 들은 기하학이라는 단어의 의미를 물었다. 그것은 아버지의 계획으로 보면 너무 조숙한 질문이었으므로, 우선 아버지는 그것의 정의를 감추려고 생각하고 단지 '정확한 도형을 만들고 도형 상호간의 비례를 찾아내는 방법'이라고만 설명을 하였다. 이 단어를 기억한 소년은 마루 위에서 유클리드 기하학의 정리 제32 '삼각형의 내각의 합은 2직각이다'를 순서대로 풀었다. 이 광경을 본 아버지는 아들의 너무나 천재적인 번뜩임에 경탄하여 그 기쁨을 억제할 수 없어서 즉시 친구 집으로 달려가 그것을 들려 주었다. 연주자 중에는 그 이전에 이미 파스칼이 유클리드 원본을 몰래 읽었다고 하는 사람도 있지만, 이 문제를 생략해도 파스칼의 수학적 재능이 발군이라는 점은 부정할 수 없다.

이 즈음 신앙과 사색의 면에서도 파스칼에게 강한 영향을 주었다고 하는 아버지는 다음과 같은 입장을 취하고 있었다. 저명한 데카르트의 ≪방법 서설≫은 한 시기에 각 방면에서 각광을 받았지만, 이 시기에는 이미 한물가고 있었다. 오히려 그에 대한 비판적 검토가 학자의 화제로 되어서 같은 비판적

파스칼

입장을 취한 아버지는 르네상스풍의 인문주의자적 견해로 성서에 대해서도 실증적 연구에 흥미를 갖고 있었다. '모든 신앙의 대상인 것은 이성의 대상이 아니다'를 모토로 하고 있었다. 여기서 신앙과 이성이 명백하게 구별되고 있는 사실은 후에 파스칼이 《팡세》에서 논하는 신앙과 과학의 대비에 통하는 면을 갖고 있다. 그 곳에서 보이는 것처럼 이 영역에서도 파스칼은 아버지에게 힘입은 바가 컸다.

1639년경부터 노르망디 지방은 무거운 세금과 나쁜 병에 시달렸다. 그러한 혼란기에 있기 쉬운 민중 노여움의 일촉 즉발 사태가 일어나려고 할 때 아버지는 각 교구의 인두세를 징수하는 재무관이 되었다. 때가 때이니만큼 그의 업무는 고생이 되었고, 그것을 보다 못한 파스칼은 부친을 도왔다. 특히 세금 계산이 그들을 짜증나게 하였다. 그때마다 장황한 수를 어떻게 간단히 할 방법이 없을까 하고 궁리한 파스칼은 어느날 드디어 계산기를 고안하였다. 그때 그는 19세였으며, 2년 후에 이것을 완성하였다. 그 동안 그가 가장 고생한 것은 기계 자체에 자리옮김을 습득시키는 방법이었다. 이것을 그는 각 자리에 바퀴를 붙이고 1자릿수 바퀴의 1회전에 대해 10자릿수가 10분의 1회전한다는 아이디어로 해결하였다. 이미 누군가 계산기를 착상하고 있었지만, 두뇌를 사용하지 않고 움직이는 기계의 발명은 실제로 그의 머리에 의한 것이었다. 계산기에는 실용적인 면도 고려하여 각 화폐의 단위도 부착되었다. 실제로 그것은 몇 개인가 만들어졌지만, 비용이 많이 들어서 결국 박물관에 들어가게 되었다.

이처럼 파스칼의 과학적 연구열은 일상의 세부까지 기울어졌으며, 어느덧 그것은 더욱 큰 실험에 이르고 있었다. 파스칼은 25세일 때 토리첼리의 실험

파스칼

에 관심을 가졌다. 실험장으로는 퓨이 드 돔이 선정되었다. 그곳은 현대로 들어와서 파스칼과 마찬가지로 과학과 신앙을 문제로 한 디알 드 샤르당이 태어난 고향이며, 또한 이것을 회상하면서 친구와 이야기를 주고받은 여성 투사 시몬 베유의 산책로이다. 그들은 이 땅을 통해 파스칼의 신앙과 과학에 마음을 의지한 것이다.

'자연은 진공을 꺼린다'라는 아리스토텔레스·스콜라 철학적 견해에서는 '공허한 공간'은 존재하지 않는다. 이것을 비판한 데카르트도 '물체의 본질은 확대에 있다'고 하여 빈 것도 무엇인가의 '미세한 물질'로 충만하고 있다고 생각하였다. 그와 만난 파스칼은 이 데카르트설을 뒤집으려고 실험을 기도하였다. 그 때문에 파스칼 부자는 수은뿐 아니라 물, 기름, 술 등 많은 물질을 이용하여 상당한 노력을 하였다. 그들은 퓨이 드 돔 산의 각 고도에서 실험을 시도한 결과 '자연은 진공에 대해 아무런 혐오를 갖지 않는다'라는 결론을 얻었다.

이 문제는 파스칼의 종교에 대한 사고 방식도 관계한다. 결론적으로 말하면 진공을 피조물=물질이라고 하는 생각은 우상 숭배이며, 오히려 진공이야말로 신의 은총을 나타내는 것이라고 파스칼은 말한다. 이 과학과 신앙은 그의 저서 《프로뱅시알》에 상세히 기술되었다.

1662년 어떤 공작과 파스칼이 이야기하고 있던 도중 서로 파리 시내를 구에서 구로 갈아타고 가는 승합 마차를 생각해 냈다. 이야기는 진행되어 공동 출자에 의한 회사 설립이 실현되고 노선의 부설도 시작되었다. 그것은 계산기의 발명자에 어울리는 사업이었다. 수익의 대부분은 빈민 구제에 이용되었다.

그 후 머지 않아 과로에서 오는 육체의 쇠약 때문에 '바라건대 신이 나를

파스칼

버리지 마옵소서!'라는 임종의 말을 한 채 파스칼은 39세로 요절하였다. 이미 이 세상 사람이 아닌 누이 자클린과의 사이에서 교환되었던 '진리를 위해 죽어야 할 것'이라는 모토는 너무나도 젊어서 죽은 두 사람의 천재 남매의 운명을 암시하는 듯이 보였다.

로크

John Locke

(1632~1704년)

　로크를 근대 시민 사회의 계몽인으로 유명하게 만든 것은 프랑스의 볼테르였다. 청년 시절에 영국을 방문하고 영국의 모든 사상을 교묘하게 요설한 저서 ≪철학 서간≫(영국 소식) 중에서 볼테르는 '로크만큼 현명하게 조직된 정신의 소유자로 정확한 논리가는 아마도 결코 없었다'라고 온갖 찬사로 로크를 묘사하였다. 원래 계몽서로 저술된 이 책은 확실히 볼테르의 눈에 비친 '현인' 그리고 조심스런 로크상을 말하고 있다. 그러나 다른 전기에 나온 로크상으로 한정하여 말한다면 이 '현명함'에도 다소 비꼬는 듯하게 우리들에게 들리는 것이다. 풍자가 러셀의 말을 빌리면 그 '현명함' 때문에 '로크는 모든 철학자

로크

중에서 가장 행운의 인물이다'라고 말하는 것이다.

　로크는 그 일생을 주변 사람들의 그림자 사람으로서 봉사하였다고 말해도 좋다. 그 의미야말로 그는 수줍은 인물이었다고 말할 수 있다. 그림자 사람이란 그가 당시 및 그 이후의 근대 시민 사회의 정치와 법률 세계에서 이론적 지도자였기 때문이다. 이렇게 말하는 것도 소위 정계의 화려한 무대에 몇 번이나 추대되었지만 그것을 거절하였기 때문이다. 근대 사회의 정치 이론이라고 하는 점에서 보면 마치 프랑스에서 루소가 혁명의 이론적 지주가 된 것과 마찬가지로 로크의 온건한 정치 사상은 영국뿐 아니라 미합중국에도 강한 영향을 주었다. 로크가 생존했던 시대는 영국 역사상에서는 근대 세계의 발아기를 거쳐 바야흐로 확립기였으며, 그것만이 어지럽게 변동한 시대였다. 그것은 영국에서만 한정된 것은 아니었으며, 이런 시대에 산 사람들은 항상 생활의 변화에 민감하지 않을 수 없었고, 또 때로는 다소의 나쁜 행위도 눈을 감고 감행하지 않을 수 없었다. 그렇지만 이 면에서는 그는 실로 혜택을 받았다. 그런 까닭에 평온한 그의 생애는 에피소드가 부족하다. 반대로 말하면 그러므로 그는 72년이라는 사상가로서는 비교적 긴 인생을 살아 나갈 수 있었으며, 그리고 최후까지 펜을 들 수 있었을 것이다.

　로크는 1632년 8월 29일 잉글랜드 서남에 있는 서머셋셔 린턴에서 태어났다. 동명의 아버지 존과 어머니 아그네스 사이의 장남이었다. 양친 모두 비국교도로 엄격한 청교도였기 때문에 어릴 때부터 종교에 외경심을 갖도록 엄격하게 가르쳤다. 1642년 퓨리턴 혁명시 로크는 10세였지만, 변호사인 아버지는 왕 측과 적대하는 의회 측에 소속된 대위로 활약하였다. 15세에 로크는 웨스트민스터 스쿨에 입학한다. 2년 후인 1649년에는 당시의 왕 찰스 1세가

로크

크롬웰에게 체포되어 처형된 해이며, 그 비극적 참사에 대해서는 로크도 잘 알고 있었으며, 내전의 혼란한 상황에서 정치적 본연의 자세를 생각하는 절호의 기회였다는 것은 의심할 수 없다. 그의 온건한 정치관은 이때의 참극에 대한 그의 혐오감에서 출발하였다고 볼 수 있다. 당시의 화제는 정치 문제는 물론이거니와 신구 교도의 분쟁에 얽힌 종교 문제도 있었기 때문에 로크의 종교 의식은 어디까지나 종교를 객관적으로 평가하며, 바꿔 말하면 자신의 종교감에 맞는 방향으로 진행하였다. 따라서 종교의 면에서도 자유로운 입장을 견지하였던 것이다.

20세가 된 로크는 영국의 전통 중에서도 가장 난해한 시험이라고 하는 옥스퍼드 대학의 '대학 선발 시험'에 합격하여 이후 30년에 걸친 옥스퍼드 대학과의 관계로 들어간다. 그의 근엄한 학생 생활은 23세(1655년)에 얻은 베처러 오브 아트(학사 학위) 때까지 계속되지만, 예민한 감성에 채색된 청년기는 로크에게도 예외 없이 세상으로부터 받는 회의와 동요를 몇 번이나 체험시켰다. 그러나 로크는 어느 때에나 타고난 냉정함을 잃지 않고 형이상학, 사학, 자연 철학, 고전 연구 등의 과목으로 결정된 모든 학문을 확실하게 배워 익혔다. 한편 전통적인 스콜라 철학을 가르치는 옥스퍼드에도 그 즈음 '실험 철학', 즉 실증 과학의 연구를 주장하는 사람들과 접목하는 기회를 얻어 그로부터 실험적 방법(의학)을 배웠다. 그 과학적 지식으로부터 배운 합리성은 그의 성격과 그 후의 진로를 결정한 것이다. 1654년에 네덜란드와의 전쟁이 종결된 후 그의 처녀작이라고 말할 수 있는 2편의 시를 크롬웰의 찬미를 포함하여 써보냈지만, 이것은 결코 크롬웰에 대한 감탄의 소리가 아니고 오히려 소극적인 말로 평화를 희구한 것에 지나지 않는다.

로크

로크가 진정한 의미의 근대주의자로 된 것은 1660년대가 되어서의 일이다. 이것은 마침 정치면에서의 크롬웰 사후 왕제 복구와 시기를 같이하고 있다. 찰스 2세의 후기 스튜어트 왕조를 형성하는 이 왕조 복고는 일반 대중이 마음의 평온함을 찾는 시기였으며, 로크도 진심으로 이 사건을 기뻐하였다. 크롬웰의 독재 체제 이후의 혼란과 무질서 상태를 어떻게 회복시키는가 하는 대문제가 긴박하기 때문에 로크도 또한 근대 사회를 통치하는 위정자의 이념이나 자연법을 고찰하기 시작하였다. 자연법은 신의 법과 구별된 인간의 내면이 되는 자연의 빛인 이지에 의거하고 있는 것이라고 로크는 규정하였으며, 여기에 그의 사상의 근대성이 나타나고 있다. 단, 이 자연법도 그 궁극적인 존재 근거는 신에게 돌아가게 되는 것이므로 신구 사상의 혼재라는 면도 면하지 못하지만, 어쨌든 그것은 획기적인 사상이었다.

1660년부터 63년까지 그리스어 강사, 수사학 강사, 상급 감찰관이라는 일련의 교직에 있었으며, 평생 중에 교직 이력은 이때뿐이다. 상급 감찰관을 마친 그는 대학의 성직위를 받을지 외교관이 될지 망설였지만, 결국 후자의 길을 선택한다. 전에 기술한 바와 같이 여기서도 신중한 태도를 엿볼 수 있다. 그것은 또한 이 외교관 생활이 자신에게 적합하지 않다고(물론 선천적으로 허약한 체질이기도 했지만) 2년 후인 1666년 정계를 떠났을 때에도 타당하다. 스페인 대사나 스웨덴 대사 비서의 의뢰도 결국 사퇴하였다. 확실히 정계의 화려한 업무는 그에게 적합하지 않았으며, 한편으로는 대학에서의 의학 연구에 대한 동경이 강했기 때문이다. 그리고 다대한 이면 공작의 노력이 결실되어 드디어 같은 해 왕명에 의한 대학의 의학 특별 회원의 자격을 얻었다.

한편 이해 그는 샤프츠베리 경(유명한 시인, 평론가)이 된 아슐리를 알게

로크

된다. 두 사람의 관계는 명예 혁명의 시기를 최정점으로 하여 음양으로 로크의 만년까지 친밀하게 계속된다. 그의 경험론의 기본적인 사고도 바로 이 즈음 읽었다고 생각되는 데카르트의 자기 내관법과 의학에서 배운 감각적 지식을 통일시켜 완성해 갔다. 그 후 34세(1667년) 아슐리 가의 요망으로 아슐리 가의 시의가 된다. 그것은 아슐리가 간장병을 앓고 로크가 훌륭한 의학 실력으로 치료에 성공하였다고 하는 사실도 보탬이 되어 한층 깊은 관계로 발전한다. 로크는 아슐리 아들의 보살핌을 비롯하여 아슐리 자신의 정치적 입장에서의 상담역까지 맡아 진력하였다. 학문의 면에서는 이 아슐리 가를 장으로 하여 많은 살롱풍의 연구회를 스스로 만들고 유명한 ≪인간 오성론≫의 구상을 가다듬기 시작하였다.

샤프츠베리 경(아슐리)이 반카톨릭(호익당)의 입장에서 찰스 2세가 신앙의 자유를 관용하지 않는 것을 비난하여 왕으로부터 추방당한 것은 1682년이다. 오랫동안 그와 정치 이론을 같이 해온 로크도 타격을 받아 마침내 망명을 결심하고 다음해 네덜란드로 간다. 찰스 2세가 사망한 후 제임스가 즉위하지만, 이 왕도 반대파에게 탄압의 손을 늦추지 않았다. 그 때문에 외국에 있는 로크에게까지 그 손이 미쳐서 1684년에는 정치 망명자록에 그의 이름이 올랐다. 이로부터 도피하려고 스스로 가명을 사용하면서 지하 생활을 했으며, 다행스럽게도 시대의 변화가 그를 위험에서 구해 주었다.

1688년 명예 혁명이 왕의 반대 세력에 의해 성공했을 때 로크는 본국으로 돌아올 자유을 얻었다. 이제는 죽고 없는 샤프츠베리 경의 유지를 받아 그는 오랫동안 소망하였던 새로운 사회 건설을 위해 다대한 노력을 하게 된다. 이 때에도 정계의 많은 사람들로부터 중요한 포스트에 취임하도록 요청을 받았

로크

지만, 자신의 건강하지 못한 점을 이유로 사퇴한다. 그러나 이 소극적인 태도는 결코 그의 존재 이유를 저하시키는 것은 아니고 오히려 정계의 숨은 거물(물론 이론면에서)로서의 존재를 부각시키고 있다. 친구의 대부분은 여러 가지를 그에게 상담하였다. 20년 이래 다양한 구상 아래 고쳐 쓴 《인간 오성론》의 원고가 드디어 출판된 것은 1689년이었다. 바야흐로 화제의 인물로 활약하는 로크의 주저에 대한 반향은 실로 효과적이었다. 러셀이 말하는 '행운'이 당시의 정치 흐름과 함께 로크에게 쏟아졌다. 이 시점에서 그의 과거를 뒤돌아보면 다난한 생애였다고 말할 수도 있지만, 로크의 경우 어떤 불행이 있어도 그를 돕는 친지나 친구가 옆에 있었다. 물론 그것은 그의 인덕이 이룰 수 있는 업에는 틀림없지만, 고난이 많은 사상가가 전기상 수없이 존재하는 중에 그는 역시 '행운'이었다. 각지를 전전하기를 그는 마치 일상사처럼 한 것은 22세에 어머니를, 28세에 아버지를 잃은 것도 요인으로 되었지만, 타고난 선량함과 돌다리도 두들겨 보고 건너는 신중함 때문이다. 3년 전에 일단 청력을 상실한 로크의 육체는 1704년 10월 '저녁 기도에 나를 잊지 않도록'이라고 비서에게 한 유언을 최후로 승천하였다. 그의 비문에 새겨진 문장의 첫 대문 '나그네여 걸음을 멈추시오. 여기에 존 로크가 잠들어 있다. 어떤 사람인가 묻는다면 알맞은 운명에 만족한 사람이라고 대답한다'라는 그의 특유한 겸허가 가져온 충실한 인생에 더할 나위 없는 만족감을 겸허하게 표현하고 있다.

루소

Jean Jacques Rousseau

(1712~1778년)

 계몽 사상가이며 동시에 낭만주의 운동의 선구자인 루소는 1712년 6월 28일 인구 2만이 채 못 되는 작은 독립 도시 제네바에서 태어났다. 아버지인 이자크 루소는 당시에는 특수하고 고급 직업이었던 시계직을 본업으로 하고 있었으며, 스스로 바이올린도 연주하고 무용 교사가 되기도 한 어딘가 색다른 성격의 소유자였다. 한편 어머니인 슈잔느 베르나르는 목사의 딸로 태어나 교양도 있고 총명하며 미인이었지만, 그녀는 루소를 낳은 지 10일도 지나지 않아 그 생애를 마쳤다. 루소가 《고백록》 중에서 '내가 태어났기 때문에 어머니가 돌아가셨다. 이렇게 나의 탄생은 내 불행의 최초였다'라고 기술하는

루소

바와 같이 어머니의 죽음은 루소 인생에 커다란 그림자를 드리우게 되었다.

　루소가 10세일 때 아버지인 이자크가 군인과의 싸움이 원인이 되어 제네바를 떠나게 되었기 때문에 랑베르시에라는 목사에게 맡겨지게 되었다. 이 2년간의 제네바 교외의 보세라는 마을에서의 평온한 전원 생활은 '보세의 생활은 모두 나에게 알맞은 것이었기 때문에 좀더 계속되었으면 내 성격도 완전히 안정되었을 것이다. 온순하고 풍요로우며 평화로운 감정이 그 토대가 되었다. ……무엇인가가 내 마음속에 내가 자연에서 받은 기질을 길러 주었다.'(≪고백록≫)라고 루소가 말할 수 있는 생활이었다.

　그러나 이 생활은 대수롭지 않은 오해 때문에 끝나게 되고 그의 인생은 곤란의 첫발을 내딛게 되었다. 루소로 하여금 한순간에 어린 시절의 명랑함을 잃게 하고 온순하고 쾌활한 성격을 우둔하게 바꿔 버린 시계 조각사의 도제 생활이 시작되었다. 16세에 제네바 시의 폐문 시간에 늦은 것을 계기로 그는 제네바에서 2리 정도 떨어진 사브와(프랑스 남동부의 현)로 가서 그 곳에서 '상냥하고 온화한 성격, 불행한 사람에게 즉시 동정하는 마음, 한없는 친절, 막힘없는 솔직하고 쾌활한 기질'을 가진 와랑 부인을 만났다.

　그녀는 루소보다 10세 이상 연상으로 이때 28세였으며, 결혼 생활을 포기하고 사르데냐 왕의 연금으로 살고 있었다. '보기에 애교가 있는 온순한 모습, 황홀한 눈매, 천사와 같은 미소, 나와 비슷한 작은 입, 좀처럼 보기 드문 은색을 띤 머리, 그 머리를 수수하게 가다듬고 있는 것이 몹시 멋져 보였다. 키가 작고 몸은 약간 굵지만, 볼품이 없지는 않다'라고 루소는 ≪고백록≫ 중에서 그 사람의 최초 인상을 기술하고 있지만, 그때 이미 두 사람 사이에 남과 여의 사랑의 움틈을 느꼈는지도 모른다. '오랫동안 함께 생활하고 더욱이 깨끗하게

루소

지내 온 습관은 그녀에 대한 애정을 약화시키기는커녕 점점 강화시켰다', 그리고 '마망'이라고 부르며 아들과 같은 편안함으로 친하게 지낸 결과 나는 정말로 아들이 될 작정'이었으므로, '저렇게 그리운 사람이면서 자신의 것으로 하는 데는 별로 마음이 내키지 않았다', 즉 '그녀는 나에게 누이 이상의 사람, 어머니 이상의 사람, 친구 이상의 사람, 연인 이상의 사람'이었다고 루소는 ≪고백록≫ 중에서 기술하고 있다. 그럼에도 불구하고 21세가 되었을 때 '남자를 여자에게 결합시키는 데는 정교 이상의 것은 없다'고 생각하고 있었던 와랑 부인의 품에 안기게 되어, 이제까지 '아가'라고 불리고, '마망'이라고 부르던 생활은 크게 변화하였다. 루소가 관능의 기쁨을 처음으로 맛보고 대단한 행복에 싸여 있으면서도 근친 상간을 범한 것 같은 떳떳하지 못함을 느꼈다고 하는 것도 두 사람 관계의 특수성을 말하고 있다. 또 루소와 와랑 부인이 이런 관계로 되기 전에 부인은 자신과 동년배인 클로드 아네라는 고용인과 관계를 갖고 있었으며, '당신들은 두 사람 모두 내 인생의 행복을 위해서는 꼭 필요한 사람'이라고 하는 그녀의 말에 따르면 기묘한 삼각 관계가 클로드 아네의 죽음에 의해 단절되기까지 반년 가까이 계속되었다.

이런 와랑 부인과의 생활 중에서 루소는 풍부한 자연 감정을 배양한 것은 후에 그의 사고 방식, 사상에 커다란 영향을 주게 된다. 와랑 부인이야말로 루소에게 있어서 그의 운명을 연 여신이었다고 말할 수 있다. 또 그는 와랑 부인 덕택에 이탈리아의 토리노 수도원에 들어가 칼뱅파인 신교도에서 개종하여 카톨릭 교도가 되었다. 그러나 이것은 그의 종교심 때문이 아니고 약간은 개인적인 감정에 따른 것이었다. 그 사실은 후에 그가 다시 신교로 개종한 것으로도 알 수 있다.

루소

　30세까지의 10년 가까이를 와랑 부인 곁에서 지낸 루소는 '어릴 때부터 사랑하기 시작했고 어떤 때에도 사랑한' 음악으로 출세하려는 희망을 걸고 파리로 이주하였다. 여기서 음악가 루소로서 귀족의 살롱에 출입하게 되어 '백과사전파'의 사람들, 디드로, 달랑베르 등과도 교제를 시작하였다. 31세경에는 베네치아 주재 프랑스 대사의 비서가 되었으나, 1년도 채 안 되어 프랑스 대사와 다투고 헤어져서 다음해 가을에는 파리로 돌아왔다.

　머지 않아 파리 하숙의 하녀로 오를레앙 태생인 23세 여성 테레즈와 만났다. 테레즈는 '글자는 겨우 쓰지만 읽기는 만족스럽지 못했다. 1년 12개월을 순서대로 말할 수 없었고, 아무리 노력해서 가르쳐도 숫자는 하나도 배우지 못했다. 돈 계산도 물건의 가치도 모르는' 여성이었지만, 루소는 '세계 제1의 천재와 함께 있는 즐거움'으로 테레즈와 생활을 계속하였다. 그리고 34세부터 44세까지 약 10년 동안에 5명의 자녀를 얻었지만 모두 고아원으로 보냈다. 좀처럼 승락하지 않았던 테레즈도 할 수 없이 루소에 따랐다. 이 일은 후에 루소로서는 커다란 회한으로 되어 루소로 하여금 '이 숙명적 행위가 그 후 나의 사고 방식이나 운명에 얼마나 격심한 변화를 초래했는지는 머지 않아 알 것이다'라고 ≪고백록≫에서 말하고 있으며, 50세에 출판된 '에밀'을 쓰게 된 동기가 되었다고 생각된다. '아버지로서의 의무를 수행할 수 없는 사람은 아버지가 될 권리가 없다. 빈곤이나 업무나 세상에 대한 어려움이 자신의 자녀를 자신이 양육하는 것을 모면시킬 이유로는 되지 않는다. 그런 사람은 자신의 과오를 생각하여 오랫동안 쓰라린 눈물을 흘려야 하고 결코 위로받지 못할 것이다'라고 ≪에밀≫ 중에 쓰고 있는 것은 우연은 아닐 것이다. '에밀'은 주지하는 바와 같이 교육론이지만, 정규 교육을 받은 일이 없는 루소와 이 교육론

루소

을 연결한 것은 역시 자신이 자녀들을 포기하였다고 하는 깊은 자책감 때문이었다고 생각된다.

　37세에 디드로에게 의뢰를 받아 ≪백과 전서≫ 중의 음악 부분을 맡은 루소는 자신이 노래를 부르는, 어디까지나 아름다운 선율을 사랑한 사람이기도 하였다. 그의 대표적인 오페라인 '마을의 점장이'(1752)의 1절이 '맺어지고 열려져서……'의 멜로디로 되어 있는 것도 흥미 깊은 일이다. 음악가로서는 대성하지 못했지만, 그의 음악에 대한 정열은 그의 사상 중에도 면면히 살아있다고 생각된다.

　38세에 디종 학사원 주최의 <학문과 예술의 부흥은 풍속을 퇴폐시켰는가, 순화시켰는가?>라는 제목의 현상 논문에 응모하여 '학문·예술론'을 반년이 채 못 되는 동안에 썼다. 그리고 그 논문이 수상하였기 때문에 이제까지의 사교계 귀퉁이에서의 생활에서 일약 많은 사람들의 눈앞에 뛰어오르게 되었다. 이 일은 루소에게 대단한 자신을 주게 되었으며, 그의 천재적인 재능을 개화시키는 계기로도 되었다. 그리고 1754년 42세에 인간은 선천적으로 선한 사람이지만, 다양한 제도 아래서 악하게 된다. 즉, '토지에 울타리를 치고 "이것은 내 것이다"라고 선언하는 것을 생각해 내고 그것을 그대로 믿게 되는 극히 단순한 사람들을 발견한 최초의 사람'이 나타났기 때문에, 인간의 불평등이 초래되었다고 하는 사고 방식에 의거하여 '인간 불평등의 기원은 무엇인가, 또 그것은 자연법에 의해 시인되는가 어떤가?'라는 테마에 대답하여 썼다. 그러나 이것은 내용이 위험하다는 이유로 간단히 매장되어 버렸기 때문에 루소는 제네바에서 사귄 레이라는 출판업자의 도움을 받아 네덜란드에서 인쇄하였다. 그리고 그 논문을 볼테르에게 보냈지만, 볼테르는 이 저작에 대해

루소

'인류에 반항하는 귀하의 신저작을 받고 감사드립니다. 우리들 모두를 바보로 만들려고 하는 기도에 이렇게 교묘한 논의가 이용된 일은 이전에 없던 일입니다. 귀하의 저서를 읽으면 4개의 발로 걷고 싶게 됩니다. 그러나 나는 4개의 발로 걷는 습관을 60년 이상이나 잊어버렸기 때문에 불행하게도 그 습관을 찾을 수 없다고 느끼고 있습니다. ……'라는 신랄한 편지로 답장을 하였다. 33세부터의 볼테르와의 교제는 이후 악화되기 시작하였다. 다음해 볼테르로부터 리스본의 태반이 대지진으로 폐허화된 천재 때문에 신의 섭리에 의문을 던진 《리스본 재앙에 관한 편지》가 신을 깊이 믿고 있던 루소에게 전달되었고, 이에 충격을 받은 루소로부터 《섭리에 관한 편지》가 볼테르에게 전해져서 두 사람의 사이는 결정적으로 되었다. 또 후에 루소의 자녀 포기 사건을 폭로한 팜플렛 '시민의 감정'이 볼테르에 의해 공공연하게 된 것을 루소로서는 용서하기 어려운 것이었다. 그러나 얄궂게도 사이가 나쁜 볼테르와 루소가 1778년 같은 해에 이 세상을 떠나 나란히 팡테옹에 매장되게 되었다.

1762년(50세) 《신엘로이즈》, 《에밀》, 《사회 계약론》이 잇달아 출판되었다. 《신엘로이즈》는 가정과 연애에 대한 자연 생활을 묘사한 편지체의 장편 소설이며, 《에밀》은 20년간의 사색 끝에 완성된 교육론이며, 또 '인간은 태어나면서 자유이지만, 그러나 이르는 곳에서 쇠사슬에 연결되어 있다. 어떤 사람은 타인의 주인이라고 믿고 있지만, 사실은 그들 이상으로 노예이다'라는 유명한 문장으로 시작되는 《사회 계약론》은 면밀한 지적 추리에 의해 조립된 사회 정치론이었다. 이것은 후에 프랑스 혁명시 지도자들의 성서적인 역할을 한 저작이지만, 루소 자신은 그 저작에 대해서 어디까지나 순수하게 이상을 추구한 것이며 결코 실천 활동의 이론은 아니었다. 그럼에도 불

루소

구하고 그의 사상이 위험하다고 하는 이유로 체포령이 내려 어쩔 수 없이 도망치게 되었기 때문에 그 후 수년간은 프로이센의 프리드리히 2세가 숨겨 주거나 흄에 부탁하여 영국으로 건너갔다.

만년의 약 10년간은 파리의 뒷골목에서 조용히 사람들의 눈에 띄지 않는 생활을 하며 지냈다. 그리고 그는 1778년 7월 2일 10년 전에 정식으로 결혼한 테레즈의 간호를 받으며, 전신에 불쾌감을 느끼고 이어 무서운 두통이 나타난 후 66세의 생애를 마감하였다.

칸트

Immanuel Kant

(1724~1804년)

영국 경험론과 대륙 합리론의 상반되는 두 개의 사고 방식에 대해 각각의 장점 및 단점을 인정하고 독자의 철학적 사고를 확립시킨 칸트는 1724년 4월 22일 종교 개혁 후 동프로이센의 경제와 문화의 중심지로 된 쾨니히스베르크 라는 도시에서 태어났다. 당시 쾨니히스베르크는 인구 5만 정도의 프레겔 강에 연한 해외 무역의 중심 기지로서 역할을 하고 있었다고 한다. 아버지인 요한 게오르그 칸트는 마구 거리에 사는 마구공이었다. 어머니인 안나 레기나 로이텔은 독실한 경건파 기독교도였으며, 칸트의 도덕관에 큰 영향을 준 사람이었다. 칸트의 제자이며 전기 작가인 야하만은,

칸트

'칸트는 때때로 나에게 이렇게 말했다. "나의 어머니는 애정이 풍부하고, 감정이 풍만하며, 경건하고, 그리고 정직한 여자이며, 또 자녀를 경건한 가르침과 도덕적인 모범으로 신을 공경하도록 이끌어 준 우아한 모친이었다. 어머니는 자주 나를 교외로 데리고 가서 신의 피조물에 내 주의를 향하게 하고 경건한 기쁨을 가지고 신의 전능과 지혜와 자애에 대해 말하며, 만물의 창조자에 대한 깊은 외경을 내 마음에 새겼다. 나는 결코 어머니를 잊지 않을 것이다. 어머니는 내 마음에 선한 최초의 씨앗을 심고 그것을 키우며 그리고 자연의 인상을 받아들이도록 내 마음을 열어 주었기 때문이다. 어머니는 나의 이해력을 상기시키고 확대하여 주었다. 그리고 어머니의 교훈은 내 생애에 박력있는 부단의 영향을 주고 있는 것이다."

이 위인이 어머니에 대해 말할 때는 항상 그의 마음은 감동하고, 그의 눈은 빛나며, 그 일언 일구는 아들로서의 진심에서 나온 경모의 정으로 넘치고 있었다.'

라고 말하는 바와 같이 칸트는 어머니에 대해 드물 정도로 경모의 정이 깊었다. 그러나 이 어머니는 칸트가 13세일 때 사망하였다.

8세에 경건파인 데오도르 겔이 창립하고 후에 프리드리히 1세에 의해 왕립학교로 된 프리드리히 학원에 입학하여 라틴어와 고전 문학에 열중하였다. 여기서 8년간 공부한 후 16세에 쾨니히스베르크 대학에 입학하였다. 대학생활 중에는 마르틴 크누에첸 교수의 강의에 이끌려 그의 철학과 수학 수업에는 빠지지 않고 출석하였다고 한다. 처음으로 뉴턴의 학설을 가르친 것도 크누에첸이었으며, 그야말로 칸트에게 독창적 사상가로서의 길을 가리킨 사람이었다고 말할 수 있다.

22세에 칸트는 <활력의 올바른 측정에 관한 고찰>이라는 제목으로 졸업 논문을 쓰고 대학 생활을 마쳤다. 대학을 나온 다음 쾨니히스베르크 근교의

칸트

목사나 귀족의 저택에서 가정 교사를 하며 생활하였다. 9년 후 다시 쾨니히스베르크로 돌아가게 되었지만, 칸트는 이 가정 교사의 일을 '나만큼 서투른 가정 교사는 세상에 없었을 것이다'라고 말하는 바와 같이 그로서는 결코 즐거운 일은 아니었던 모양이다.

30세부터 대학에서 근무하려고 생각하여 1755년 6월 12일 31세에 학사 학위를 받고 쾨니히스베르크 대학 사강사로서의 생활이 시작되었다. 교사로서 그는 정성껏 근무하여 10년을 하루처럼 시간을 엄수하였다. 그리고 항상 철학을 가르치는 것이 아니고 철학하는 것을 가르친다고 하는 일관된 태도로 강의에 임했다. 야하만에 의하면, '칸트는 단순히 사색적인 철학자이었던 것 뿐 아니라 그는 오성을 만족시키는 것과 함께 심정을 매료시키는 재기 발랄한 웅변가'였다고 한다. 그리고 칸트의 낮은 음성이 흐르는 강의실은 항상 물을 끼얹은 듯한 고요함으로 가득 차있었다고 한다.

칸트의 체격은 화사하고 신장도 겨우 중간 정도이며 몹시 말랐다. 그러나 '되도록 병에 걸리지 않아서 생애를 통해 활동할 수 있도록 신체를 만들어 두어야 한다'라는 생활 신조를 관철한 그는 거의 병으로 누운 일이 없고 의사에게 진찰받은 일도 없었다고 한다. 칸트가 대단히 규칙적으로 생활하였다는 사실은 너무나도 유명하다. 칸트는 매일 아침 5시에 기상하였다. '하루의 강의가 이전에는 4, 5시간 걸렸지만, 지금은 1, 2시간 할 뿐이다. 그 강의도 오전에 결정된다. 그리고 정오까지의 시간은 내가 세상에 내려고 생각하고 있는 저술에 착수한다' 그리고 '오전의 식탁에는 보통 3, 4명의 소수 모임을 항상 초대'하고 있으며, 식탁에는 고기와 부드러운 양질의 빵과 포도주를 곁들였다고 한다. 이 식탁에서 칸트는 대단히 웅변적으로 모든 지식을 집어 넣은

칸트

회화를 즐겼다. 또 저녁에는 항상 산보를 하였다. 산보 코스는 프리드리히스부르크 요새에 따른 광장까지였다. 이 광장이 '철학자의 길'이라고 불리게 된 것도 칸트의 나날의 산책에서 유래한다고 한다. 후에는 좀더 자택에 가까운 호른슈타인 제방을 따라 산책하였다. 그리고 걸을 때는 입을 닫고 코로 숨을 쉬는 것이 건강에 좋다고 믿고 있었으므로, 도중에 말을 거는 것을 있는 힘을 다하여 회피하였다. 밤에는 '시계가 10시를 칠 때까지 모든 종류의, 모든 방면의 독서를 하고 10시가 되면 반드시 취침하였다. 다음날 아침 5시까지의 7시간은 누구에게도 방해를 받지 않고 숙면하였다.

칸트는 또 복장에 대해서도 '유행에 떨어지는 바보보다는 유행을 쫓는 바보가 되는 것이 좋다'라는 생각을 하고 있어서 자기 자신의 신변에도 마음을 썼다고 한다. '그의 복장은 작은 삼각모, 백분이 덮인 작은 가발에는 뒤에 덮개가 달렸고, 검은 넥타이, 그리고 주름이 있는 옷깃 장식과 소맷부리가 달린 셔츠, 비단 안감으로 검은색, 갈색, 누런색의 혼합인 상품의 모직 상의, 그에 맞춘 조끼와 바지, 쥐색의 비단 양말, 은 장식이 달린 단화 그리고 사교계에서 유행하였던 단검, 나중에는 보통의 칠 단장이라는 모습이었다. 유행에 따라 상의와 조끼와 바지에는 금사로 테두리를 수놓았다'라고 야하만은 당시 칸트의 복장을 구체적으로 기록하고 있다.

또 칸트의 거실에는 루소의 동판화가 걸려 있었다. 칸트는 루소의 저작은 모두 읽었으며, 《에밀》이 처음 나왔을 때는 열중한 나머지 매일 빠지지 않았던 산보를 수일간 중지할 정도였다고 한다. 칸트가 38세일 때의 일이다. '나는 타고난 한 사람의 연구자이다. 나는 인식에의 갈망을 배우고 인식에서 전진하고 싶다는 지칠 줄 모르는 불안을 알게 되었다. 나는 이런 일체가 인간

칸트

의 존경을 구축한다고 믿고, 아무것도 모르는 민중을 경시한 한 시기가 있었다. 루소가 나를 올바른 길로 데려다 주었다. 그 부질 없는 우월감은 소실되었다. 나는 인간을 존경하는 방법을 배워서 알게 되었다'라고 기술하고 있는 바와 같이 루소는 칸트의 사상에 커다란 영향을 주었다. 루소의 《사회 계약론》이 성서적 역할을 한 프랑스 혁명이 일어난 것은 칸트가 65세의 일이다. 당시의 칸트에 대해 야하만은 '프랑스 혁명 무렵에 그의 회화는 거의 화제의 다양함과 내용의 풍부함을 잃고 있었다. 이 대사건은 대단히 깊이 그의 마음을 끌었기 때문에 사교 모임에서는 항상 이 사건에 적어도 정치로 이야기가 되돌아갔다. 그때에는 물론 사건의 과정, 그에 관계하고 있는 인물의 성격에 대해 새롭고 유익한 의견을 제시하지 못하는 일은 없었다'라고 기술하고 있다. 이처럼 칸트는 프랑스 혁명에 깊은 감명을 받으면서도 혁명 그 자체에 대해서는 결코 긍정적이 아니었다. 칸트가 살았던 시대의 모순은 칸트에게도 영향을 주지 않을 수 없었다.

63세가 되어 비로소 자신의 세대를 갖지만 결혼한 것은 아니다. 연애 경험은 두 번 있었지만 결혼에는 이르지 못했다. 그를 매혹시킨 두 사람의 여성 중 한 사람은 먼 곳으로 이사를 하였고, 또 한 사람은 다른 남자와 결혼하였다. 그는 여성에 대해 훌륭한 양식을 지니고, 쾌활하며, 가정적일 것을 원했다. 교양이 있는 부인과의 교제는 대단히 즐겼지만, 그녀들에 대해 학문적인 박식함을 요구하지는 않았다고 한다. 여성에 관해서는 보수적인 사고 방식을 지니고 있었음을 살필 수 있다.

1804년 2월 12일에 칸트는 운명하였다. 임종시의 모습을 친구인 바잔스키는 이렇게 말하고 있다. '나는 임종까지 그의 옆에서 시중을 들고 싶었다. 나는

칸트

마지막 밤은 그의 침상에 붙어 있었다. 그의 체력은 몹시 쇠약하였고 잠을 자지 못했다. 그의 용태는 쇠약하다고 하기보다 오히려 혼수였다. 과즙을 넣으려고 내민 숟가락을 때때로 밀어 냈다. 그러나 밤 1시경에는 자신이 숟가락 쪽으로 향했다. 나는 목이 마를 것이라고 생각하여 포도주를 물에 타서 주었다. 그는 컵에 입을 가까이 했으나 쇠약해서 삼킬 수가 없었기 때문에, 포도주가 소리를 내며 완전히 삼켜질 때까지 손으로 입을 덮고 있었다. 그는 좀더 이 음료를 원했다. 내가 몇 번이고 그것을 내밀었고 드디어 이 음료로 기운을 찾아서 원래보다는 확실하지 않았지만, 나에게는 알 수 있게 '이제 됐다'라고 말할 수 있었다. 이것이 마지막 말이었다'. 오전 10시에 칸트의 용태는 급변하여 11시에는 드디어 80년의 생애를 마감하였다.

유해는 대학 묘지에 매장되었다. 그의 묘비에는 ≪실천 이성 비판≫ 결론의 모두에 나오는 '반복하여 반성하면 할수록 항상 새롭고 무한한 경탄과 존경심을 일으키며 사색에 잠기게 하는 두 가지가 있다. 하늘에 반짝이는 별과 내 마음속의 도덕률이다'라고 새겨져 있다고 한다.

벤담

Jeremy Bentham

(1748~1832년)

　로크, 흄으로 대표되는 영국 경험 철학의 흐름 중에서 공리주의(功利主義) 사상에 위치를 부여한 벤담은 1748년 2월 15일 런던 시에서 태어났다. 아버지인 제레미아 벤담은 법률가로서 공증인이라는 업무 외에 토지 매매 등으로 상당한 재산을 이룬 사람이며, '인생은 밀고 나가는 한가지 수'라는 신조에 의거하여 생활한 사람이다. 어머니인 알리시아 그로브는 작은 상점의 딸로 태어났으며, 1759년 동생인 사무엘 벤담을 낳고 곧 돌아가셨다. 벤담이 11세 때의 일이며, 어머니의 죽음은 벤담의 마음에 커다란 슬픔과 상처를 남겼다.
　소년 시절의 벤담은 감수성이 강하고 신경질적이며 허약한 체질의 소년이

벤담

었다. 친구도 없어서 놀이 상대는 어머니나 할머니였고 때로는 들쥐가 상대였다. 또 그는 풀이나 꽃이나 나무 등의 자연에 깊은 흥미가 있어서 식물 채집에 열중하기도 하였다. 후에 동물 애호를 위한 입법을 제창한 것도 우연은 아닐 것이다. 벤담의 아버지는 대단히 교육열이 높은 사람이어서 그와 같은 연배의 어린이들이 무심히 노는 시기에 아들을 무릎에 안고 그리스어나 라틴어를 가르쳤다고 한다. 아버지는 이 아들을 사법관의 최고 지위인 대법관으로 만들려는 꿈을 갖고 있었다.

집안에 틀어박혀서 책벌레가 되었던 벤담에게 붙여진 '철학자'라는 별명은 확실히 어울렸다. 이 '철학자'는 7세부터 프랑스인 가정 교사에게 프랑스어를 배웠다. 그리고 이 가정 교사는 프랑소아 페늘롱이 쓴 《텔레마크의 모험》이라는 소설을 교재로 선택하였다. 이것은 원래 프랑스의 대승정 페늘롱이 루이 14세의 황태자 부르고뉴 공을 위해 쓴 것이었다. 텔레마크는 그리스의 호메로스가 쓴 《오디세이아》에 나오는 트로이 전쟁의 영웅 오디세우스의 아들이며 《텔레마크의 모험》이라는 소설은 이 텔레마크가 에게 해의 여러 곳을 아버지를 찾아서 모험을 하다가 제우스의 딸인 아테네 여신의 도움으로 드디어 아버지인 오디세우스를 만나 고향으로 돌아온다는 내용이다. 이 소설은 벤담의 성격 형성에 다대한 영향을 주었다. 어린 공상의 세계에서 텔레마크는 벤담 자신이었는지도 모른다. 그는 후에 이 이야기에 대해 '내 생애가 그 곳으로부터 시작한 출발점'이라고 기술한 바와 같이 그의 교리주의 사상의 원리를 텔레마크의 생활 방식에서 찾을 수 있을 것이다.

어머니가 돌아간 다음 해 벤담은 영국의 명문교인 웨스트민스터 스쿨에서 옥스포드 퀸 칼리지로 불과 12세에 입학하였다. 옥스포드 대학은 당시 국교

벤담

회파에게만 문호를 개방하였다. 그 때문에 신입생들은 입학할 때 엘리자베스 여왕 시대에 제정된 국교회파 신앙 '39조'에 서명해야 했다. 이성적으로 납득할 수 없는 일에는 동의할 수 없는 성격이었던 벤담은 서명을 망설이며 이해할 수 없는 조문에 대해 질문을 하였지만, 이것은 건방진 태도로 간주되어 결국은 납득할 수 없는 채로 서명할 수밖에 없었다. 이 사건을 계기로 벤담은 종교에 대해 비판적인 사고 방식을 갖게 되었다. 대학에서는 어학을 위시하여 철학이나 역사, 법학, 신학, 자연 과학 등을 공부하였으며, 특히 그가 좋아한 것은 인습에 매이지 않고 실험을 중시하는 화학이었다.

15세에 옥스포드 대학을 졸업한 벤담은 법정 변호사 자격을 얻기 위해 런던의 린컨스 인에서 법률 실무를 배우는 한편 모교인 옥스포드 대학에서 윌리암 블랙스톤 교수의 법률학 강의를 들었다. ≪영국법 주석≫이라는 블랙스톤의 저서를 내용으로 한 강의는 명쾌한 웅변으로 진행되었다. 그러나 법률의 해석보다도 막대한 양에 달하는 관습법이나 성문법을 구성하고 있는 원리에 대한 블랙스톤의 사고 방식에 벤담은 납득할 수가 없었다. 이런 일 때문에 그는 법률학에 의문을 갖게 되어 변호사라는 업무에 정열을 갖지 못하게 되었다.

이런 상황 중에서 그는 아버지와 함께 프랑스로 여행하였다. 아마도 재빨리 벤담의 심정을 고려한 아버지는 무언가 조언을 주었을 것이다. 이 뒤에 그럭저럭 법률학 공부는 계속되었다. 그러나 법률학 원리의 문제 추구를 하면서 로크나 흄의 철학에 흥미를 갖게 되었다. 이 일은 그의 부친에게 커다란 실망을 주어서 '자식 하나를 잃었다'라고 말했다고 한다.

20세에 죠셉 프리스틀리의 ≪정부론 수상≫을 옥스포드 찻집에서 별 관심도 없이 읽던 중에 '최대 다수의 최대 행복'이라는 말을 발견하였다고 벤담은

벤담

말하고 있다. 그러나 프리스틀리는 이 저서 중에서는 한 번도 '최대 다수의 최대 행복'이라는 말을 사용하지 않은 것으로 보아 이 말은 벤담이 16세 무렵에 읽은 이탈리아 형법학자 마르치스 베카리아의 《범죄와 형벌》에서 유래한다고 생각된다.

24세가 되어 벤담은 법정 변호사 자격을 얻지만, 변호사로서 법정에 서도 열의 있는 대결을 하지 않아 소송 사건은 벤담 측에 결코 유리하게 진행되지 않았다. 즉, 그는 변호사로서는 낙제였다. 결국 개인으로 변호 사업을 개업하는 일은 단념할 수밖에 없었다. 이렇게 해서 벤담은 법률 철학자의 길을 걷기 시작하였다. 그로서는 법률의 해석보다도 개정이 급선무라고 생각되었다. 당시의 법률은 중세 이래의 전통에 의거하여 '형법은 지극히 가혹하여 불과 몇 실링의 물건을 훔친 사람을 코를 베는 형벌에 처하고 소매치기를 사형에 처하는' 정도였다고 한다. 그러나 이렇게 가혹한 형벌에도 불구하고 범죄는 점점 증가하고 있었다. '가장 위험한 범죄가 법률에 의해 묵인되고 있다. 중요하지 않은 행위가 가장 치사한 범죄와 같은 처벌을 받고 있다'고 주장하면서 변동하는 사회 정세에 알맞은 법률로 개정해야 한다고 주장하였다. '벤담의 공적은 그 설(說) 자체에 있는 것이 아니고 다양한 실천적인 문제에 그것을 적용한 점이다'라고 러셀도 말하고 있는 바와 같이 말년 벤담은 실천 활동에 의욕을 불태우게 된다.

32세에 《도덕 및 입법의 제원리 서론》을 인쇄하여 친한 친구에게 보냈다. 이것은 벤담의 수많은 작품 중에서 가장 훌륭한 것이다. 원래 이것은 벤담이 '경제학회'의 현상 논문에 응모하기 위해 쓰기 시작한 것이었다. 이 저술 중에서 그는 이미 공리주의(功利主義)의 입장을 확립하고 있다.

벤담

　33세가 되었을 때 벤담의 저서가 후에 수상이 된 쉐르반 경의 마음에 들어 자주 쉐르반 저택에 출입하게 되었다. 러셀에 의하면, '대단히 소극적이어서 대단한 각오가 아니면 미지의 사람들과 동석할 수 없었을' 정도로 내성적인 벤담이 쉐르반 경이 질녀인 캐롤라인 혹스에게 어렴풋한 연모를 느낀 것이다. 그러나 그는 자신의 마음을 상대 여성에게 전할 수가 없어서 20년이나 지난 1805년 57세에 구혼 편지를 보냈지만 정중하게 거절당했다. 이 일은 그에게 상당히 큰 충격이 되어 벤담은 84년의 생애를 독신으로 지냈다.

　벤담이 41세일 때 프랑스 혁명이 일어났다. 결코 급진적 사상가는 아니었지만 프랑스 혁명에 긍정적인 태도를 취했다. 그 때문에 1792년에는 국민의 회로부터 명예 시민의 칭호를 받았다. 그러나 벤담은 '인권 선언'에 대해서는 부정적이었으며, 이것을 평해 '형이상학적인 작문'이라고 했다. 벤담은 자유가 아니고 평등을 사랑하였다.

　44세가 되었을 때 부친인 제레미아가 사망함으로써 막대한 재산을 상속받았다. 그 때문에 그 이후 퀸스 스퀘어의 예전에 시인 밀턴이 살았다고 하는 호화 저택으로 이주하였다. 그리고 그 곳에서 연구 생활에 전념하였다.

　또 오랫동안 현안이었던 형무소의 개선 계획, 패너프티콘(원형 감옥)을 구체화하는 데 열중하였다. 그러나 그의 안은 결국 보류되었다. 이것은 벤담에게 대단한 실망을 주었다.

　60세에 갓 태어난 자녀와 처를 데리고 일정한 직업도 없이 곤궁한 제임스 밀을 알게 되었다. 후에 제임스 밀의 아들이며 벤담의 공리주의 사상을 계승하여 발전시킨 존 스튜어트 밀은 《자서전》 중에서 '부친이 잉글랜드로 가서 얼마나 두 사람이 알게 되었는지 나는 모르지만, 어쨌든 부친은 윤리, 정치,

벤담

법률에 관한 벤담의 견해를 충분히 이해하고, 또한 그 개요를 받아들인 다소라도 유명한 최초의 영국인이었다. 이것은 당연히 두 사람 사이의 공명의 근거로도 되며, 벤담이 말년과 달리 극히 적은 손님밖에 받아들이지 않을 무렵에 두 사람은 친한 친구였다'라고 벤담과 제임스 밀러의 교제에 대해 기술하고 있다.

벤담의 주위에는 제임스 밀을 중심으로 '민주주의적 급진주의자'라고 불리는 집단이 모였다. 벤담 자신은 이제까지 보수적 민주주의자였지만, 제임스 밀의 영향 아래에서 그 사고 방식이 크게 변화되고 사회 개혁을 위한 정열이 끓어오르게 되었다.

1823년 75세의 벤담은 사재를 털어서 급진파의 기관지 ≪웨스트민스터 평론≫을 창간하였다. 벤담 자신은 거의 논문을 쓰지 않았지만, 급진파의 우수한 집필자들의 평론이나 제안은 선거법의 개정, 부패 선거구의 폐지, 곡물법의 폐지, 노동 문제 등에 대해 커다란 이론적 근거를 제공하였다.

벤담은 1832년, 84세로 생애를 마칠 때까지 항상 소년과 같은 젊은 혼을 지녔다고 한다. 그의 죽음을 지킨 바울링은 '이야기를 마친 뒤 그는 미소를 지으며 내 손을 가볍게 잡았다. 그는 나를 애정을 담아 바라보면서 눈을 감았다. 몸부림이나 아무런 고통도 없이 마치 땅거미가 낮과 밤을 섞는 것처럼 삶은 점차 죽음 속으로 사라졌다'라고 기술하고 있다.

벤담의 유체는 그 유언대로 해부되어 유골은 연결하여 얼굴을 밀납으로 굳히고 항상 그가 사용하던 지팡이를 들려서 지금도 여전히 런던의 유니버시티 칼리지 홀에 안치되어 있다.

헤겔

Georg Wilhelm Friedrich Hegel

(1770~1831년)

칸트 이후 독일 관념론 철학의 완성자인 헤겔은 1770년 8월 27일 독일 뷔르템베르크 공국의 수도 슈투트가르트에서 태어났다. 당시의 슈투트가르트는 라인 강의 지류인 네카 강에 면한 '삼림과 포도에 둘러싸인' 인구 2만 정도의 작은 시였다. 헤겔은 18세까지 여기서 지냈다. 아버지인 게오르그 루드비히는 뷔르템베르크 공국의 군주인 칼 오이겐 밑에서 성실하게 근무한 재무관으로 그저 그런 지위에 있었다. 헤겔 가의 조상은 원래 오스트리아의 케른텐에서 루터파의 신교를 신봉하다가 뷔르템베르크로 도피해 온 신교도였다고 한다. 어머니인 마리아 막달레나는 신앙심이 깊고 교양이 풍부한 여성으로

헤겔

소년 시절 헤겔에게 라틴어를 가르쳤다고 하는 정도로 지성의 소유자였다. 헤겔 밑에는 아우와 누이가 각각 한 사람씩 있었으며, 헤겔 가의 기풍은 벼락 부자적인 화려함이나 하층 천민적인 비굴함과는 관계가 없는 검소하고 근면한 중류 가정의 건실함으로 가득했다.

헤겔은 5세에 라틴어 학교에 입학하고 7세에 대학 진학의 예비적 역할을 하고 있었던 김나지움에 입학하였다. 여기서의 교육은 그리스·로마의 고전이 주된 것이었고, 헤겔이 흥미를 가진 것은 그 중에서도 소포클레스의 그리스 비극이었다고 한다. 냉엄한 운명에 희롱당하는 사람의 세상의 허무함을 묘사하였다고 하는 소포클레스의 세계관은 그 후 헤겔의 사상에 적지 않은 영향을 주었던 것이다.

그가 13세가 된 가을에 어머니 마리아 막달레나는 열병으로 42세의 젊은 나이에 세상을 떠났다. 어머니의 죽음은 헤겔을 슬프게 하였고 장래까지도 그의 마음에 그림자를 남겼다. 불행하게도 어머니를 잃은 다음해에 김나지움에서 그가 가장 경애하였던 레프라 선생을 잃었다.

헤겔은 결코 천재적인 사람이 아니고 착실히 꾸준하게 노력을 한 건실한 타입이었다. 재주가 없어서 체조나 무술이 가장 서툴렀고 말이 서툴렀다고 한다. 슈베글러에 의하면, '강의는 더듬거리며 딱딱하여 생동감이 없었다'고 한다. 그러나 또 '깊은 사색의 직접적 표현으로 독자적인 매력이 있었다'고도 한다. 어쨌든 재주가 없고 말이 서투르며 복장에 관해서도 신경을 쓰지 않았던 헤겔에 대해 20세 이전에 이미 '노인'이라는 별명이 붙어 있었던 것도 재미있다.

18세에 헤겔은 튀빙겐 대학에 입학하여 5년간의 대학 생활을 신학원에서

헤겔

지내게 된다. 당시 튀빙겐 대학은 200~300 정도의 학생수인 소규모 대학으로 뷔르템베르크 공국의 관리나 교사 및 목사를 양성하는 것이 주목적이었다고 한다.

헤겔은 5년 중의 2년은 철학 과정을 배워 마기스텔(학위 명칭) 자격을 획득하고 이후의 3년은 신학 과정을 마스터하여 목사 시보 자격을 획득하였다.

헤겔이 대학에 입학한 것은 1788년 10월 말이며, 그로부터 1년도 되지 않아 이웃 나라 프랑스에서 혁명이 일어난 것은 주목할 가치가 있다. 헤겔이 신학교에서 대학 생활을 보내고 있던 그 시기에 유럽에서는 혁명의 바람이 휘몰아치고 있었다. 신학원의 학생들도 이런 사회의 움직임에 민감하게 반응하고 있었다. 혁명가를 부르고 혁명 연설을 활발하게 외쳤다. 그리고 열광적인 젊은이들 중에는 혁명을 기념하여 '자유의 나무'를 심은 사람들도 있었고 헤겔도 그 중 한 사람이었다.

헤겔의 신학원 생활 중에서 잊을 수 없는 것이 휠데를린, 셸링과의 만남이다. 헤겔과 동갑인 휠데를린, 헤겔보다 5세 연하인 셸링이 한 방에서 지내게 된 것이다. 1790년 가을부터 다음해에 걸친 일이었다. 그리스인이라고 별명이 붙을 정도로 고상한 용모를 하고 고대 그리스를 깊이 동경하던 휠데를린은 후에 천재 시인이라고 불린 사람이며, 또 셸링은 천재적인 직관력을 지니고 매우 빨리 자신의 철학 체계를 창조하여 주목받게 된 천재 철학자이다. 그들의 우정은 그 후 오랫동안 유지되어 적지않이 헤겔에게 영향을 주었다.

특히 셸링과의 교제 중에서 칸트 및 피히테 철학의 입장에 대한 이해를 깊게 하는 동시에 범신론적 입장에서 칸트, 피히테의 철학을 초월하여 독자적인 철학적 견해를 형성한 셸링의 사고 방식에 깊이 영향을 받은 시기가 있었다.

헤겔

헤겔이 30세경의 일이다. 그러나 그는 결국 셸링의 철학적 입장에 만족할 수 없었다. 36세에 쓴 《정신 현상학》 서론 중에서 셸링의 철학을 '그 곳에서는 절대자가 마치 "한밤에는 모든 소가 검다"라고 하는 속담의 한밤과 같은 것으로 되어 있다'고 비판하고, 또 '피스톨에서 튀어나오듯이 느닷없이 절대적 지식으로 시작되어 다른 입장에 대해서는 전혀 흥미가 없다'라고도 비판하고 있다.

1807년 이 책을 셸링에게 보내고, 이 일 때문에 두 사람의 우정은 끊어지게 되었다.

1793년 23세에 대학을 졸업한 헤겔이 그 후 베른의 상류 귀족의 가정에서 3년간, 그리고 그 후에는 프랑크푸르트의 상인 집에서 4년간 가정 교사를 하며 지냈다. 합치면 7년간을 가정 교사로 지낸 것이 된다. 칸트는 9년간, 피히테가 8년간 가정 교사로 보냈다고 하니 당시 인텔리가 걷는 하나의 코스였다고 말할 수 있다.

1799년 1월에는 아버지가 돌아가셔서 얼마간의 유산을 받은 헤겔은 이때부터 확실히 학문으로 출세하려고 생각하기 시작하였다. 다음해 31세에는 피히테, 셸링 등이 있던 예나로 가서 예나 대학에서 '논리학', '형이상학', '철학 입문'의 강좌를 담당하는 사강사로 출발하였다. 다음해에는 셸링과 공동으로 《철학 비평》을 간행하고 수많은 논문을 발표하였다. 프랑스에서 나폴레옹이 황제로 된 것은 이 무렵의 일이며, 예나가 나폴레옹군에게 점령된 것은 1806년 10월 13일의 일이었다. 나폴레옹을 눈앞에 둔 36세의 헤겔은 감격하여 친구 니트하머에게 '나는 황제가 거리를 통해 진지 정찰을 위해 말을 전진시키는 것을 보았다. 이 한 지점에서 마상에 앉아 세계를 가리고 지배하는

헤겔

사람을 보는 것은 참으로 뭐라고 말할 수 없는 느낌이다'라고 써보냈다. 나폴레옹은 헤겔로서는 틀림없이 혁명의 전사였다. 그러나 얄궂게도 머지 않아 혁명의 전사 때문에 예나 대학을 폐쇄당하게 되어 헤겔은 대학의 직책을 잃고 생활비를 벌기 위해 본의 아니게 신문 편집을 1년 반이나 해야만 되었다.

헤겔, 나폴레옹, 베토벤, 괴테, 모두 같은 시대에 산 사람들이며, 이상하게도 베토벤은 헤겔이 태어난 그 해에 똑같이 독일에서 태어났다. 또 괴테에 대해서는 헤겔의 전기 작가 크노피셔가 1820년 10월 7일 괴테가 헤겔 앞으로 보낸 '나는 여러 곳에서 청년들을 지도하려고 하는 당신의 노력이 최선의 결과를 올리고 있다는 것을 듣고 기뻐하고 있습니다'라는 내용의 편지를 소개하고 있다.

한 시대의 거성들은 각자의 방식으로 각각 연결되어 있는 것이다.

1808년 친구 니트하머의 도움으로 뉘른베르크 김나지움의 교장이 된 헤겔은 이후 8년간 여기서 철학을 가르치게 된다.

1811년 8월에는 20세 이상이나 연하인 시회의원의 딸인 마리 폰 도우헬과 결혼하였으며, 헤겔은 41세였다. 그리고 다음해 장녀를 얻었지만 곧 죽었고, 그 다음해에 장남 이어서 차남을 얻었다. 자녀에 대해 말하면, 헤겔은 37세에 하숙하고 있던 부르크하르트 가의 부인으로 당시 남편에게 버림받아 곤란하였던 여성과의 사이에 한 남자 아이를 얻었다. 1807년 2월 5일에 태어난 루드비히 헤겔이 그 사람이다. 후에 헤겔은 이 아들을 떠맡았지만, 좀체 잘되지 않았던 모양으로 결국은 집을 나가서 루드비히 헤겔은 박복한 생애를 24세로 마감하였다.

어쨌든 헤겔의 결혼 생활은 루드비히 헤겔의 일만 제외하면 평화로웠다.

헤겔

46세가 되었을 때 그는 하이델베르크 대학의 교수가 된다. 그리고 그 2년 후에는 1814년 피히테가 사망한 이래 공석이 되었던 베를린 대학의 교수가 되었다. 당시 독일의 대학에서는 학생 운동이 상당한 기세로 퍼지기 시작하였다. 여기에 '현실적인 것은 합리적이며, 합리적인 것은 현실적이다'라고 생각한 헤겔이 교육 활동의 면에서 어떠한 힘을 발휘하였다고 하여도 이상하지 않다. 헤겔은 프로이센 국가 권력 중에 이성적인 것을 인정하고 과격한 학생 운동에 대해서는 이것을 억제하려고 하였다. 이것은 그의 철학 귀결이라기보다 오히려 자연적이었으며, 자칫하면 안이하게 시류를 탄 보신술에 뛰어난 속인이라고 불리게도 되었다.

59세에 베를린 대학의 총장이 되었다.

1831년 61세가 된 헤겔은 그해 여름부터 맹위를 떨치고 있던 콜레라에 걸려 11월 14일 돌연 그 생애를 마쳤다. 그 2, 3일 전까지 대학에서 강의를 하고 있던 헤겔의 죽음은 주변 사람들을 대단히 놀라게 하였다.

쇼펜하우어

Arthur Schopenhauer

(1788~1860년)

19세기 전반의 염세주의적인 경향을 철학 영역에 반영시킨 쇼펜하우어는 1788년 2월 12일 유럽 대륙의 북안에 있는 자유 도시 단치히에서 태어났다. 아버지인 하인리히 프롤리스는 네덜란드인의 피를 받은 부유한 상인이었으며, 자유를 사랑하고 베르테르에 심취한 독립심이 강한 사람이었다. 어머니인 요한나는 아버지보다 20세나 젊고 후에 여류 작가로서 세상에 다소 알려지게 될 정도로 지적 능력을 갖춘 여성이었다. 쇼펜하우어 자신이 말하고 있는 바와 같이 그는 '의지, 즉 성격을 부친에게서, 지성은 모친에게서' 물려받은 것이다. 그러나 이 양친의 사이는 결코 원만하지는 않았다. 어머니는 기질이 과격

쇼펜하우어

한 꿈많은 사람이었고, 현실주의에 철저한 아버지와의 생활에 대단한 불만을 갖고 있었다. 그것은 부친의 사후 어머니가 자유롭게 연애 관계를 즐긴 것으로도 엿볼 수 있다. 그리고 쇼펜하우어는 이 어머니에게 사랑받은 일이 없었고 증오심까지 품었다고 하니 그 불행을 추측할 수 있다. 듀랜트에 의하면, 어머니는 아들에게 보내는 편지에서 '너는 용서할 수 없는 귀찮은 녀석으로 함께 사는 것은 몹시 힘들 것으로 생각한다'라고 했다고 한다. 1805년 4월 부친의 사망 이후에는 두 사람이 따로 살게 된다. 쇼펜하우어로 하여금 염세 철학자로 만드는 싹을 기른 것은 다름 아닌 모친이었다.

그가 5세 때 단치히가 프로이센에 병합되어 자치를 잃은 것을 참을 수 없었던 부친의 생각으로 함부르크로 이주하였다. 그 곳에서 9세까지 산 쇼펜하우어는 그 후 약 2년간을 프랑스의 하블에 사는 부친의 친구에게 맡겨져서 대단히 행복한 나날을 보냈다. 11세에 다시 함부르크로 돌아온 그는 상인의 자제를 교육하기 위한 학교에 입학하였으나, 아무리 해도 상인 생활에 익숙해질 수 없었다. 그를 상인으로 만들려고 생각했던 부친은 아들이 샛길로 벗어나지 않도록 하려는 배려에서 15세의 쇼펜하우어를 영국의 기숙 학교에 넣었지만, 그의 학문에 대한 동경은 점점 심해지기만 했다. 그리고 17세 때 부친의 사망을 계기로 학문을 할 결심을 하고 19세에 당시 대학 진학의 예비교였던 김나지움에 들어갔다. 그리고 21세에 드디어 괴팅겐 대학에 입학하였다. 처음에는 의학부에 적을 두었지만, 칸트파인 슐체 교수의 강의를 청강하고 철학을 전공으로 하게 되었다.

그 후 23세에 베를린 대학으로 전학한 쇼펜하우어는 여기서 슐라이에르마허, 피히테 등이 강의를 청강하게 되지만, 그 학설에 공감한 것이 아니라 실망

쇼펜하우어

하였을 뿐이었다고 한다.

그러나 1813년경에는 나폴레옹 지배로부터 해방을 열광적으로 호소한 피히테에 감동되어 지원병으로 해방 전쟁에 참가하려고 생각하였다고 한다. 그러나 실제로는 해방 전쟁에 참가하기는커녕 전쟁으로부터 도망치기 위해 드레스덴으로 가서 구드슈다트에 정착한다. 그리고 여기서 학위 논문 〈충족이유율의 4근에 관하여〉를 완성시키고 예나 대학의 철학부로 옮겨 독토르 칭호를 획득한다.

그 후 그는 일시적으로 어머니가 있는 바이마르로 돌아갔다. 그리고 그 곳에는 괴테를 중심으로 하는 문학자들과 상당히 친밀한 교제를 갖는다. 또 마침 이때 바이마르에 와있던 동양학자 프리드리히 마이엘로부터 인도 철학에 대해 어느 정도 지식을 얻은 것은 그로서는 큰 수확이었다고 말해도 좋다.

1814년에는 모친과 다투고 바이마르를 떠났으며, 그 후 다시 바이마르를 방문한 일은 없었다. 그는 영원히 모친의 곁을 떠난 것이다. 쇼펜하우어의 성격은 점점 울적하며 의심이 많게 되고 공포와 망상에 사로잡히게 되었다. 파이프를 엄중히 하기 위해 자물쇠를 채우거나, 이발소에서도 결코 목덜미에 면도칼을 대지 못하게 하거나, 잘 때에 탄환을 넣은 권총을 침대에 두거나 하였다고 한다. 또 한편으로는 자신의 위대함이 인정되지 않기 때문에 이상한 화를 내었고, 그것은 정상 범위를 넘을 정도였다고 한다. 발광하여 사망한 부친 쪽의 조모와 같은 피가 쇼펜하우어의 몸에도 흐르고 있었던 것이다.

26세부터 4년 이상 걸려 쓴 《의지와 표상으로서의 세계》는 쇼펜하우어에게 대단한 자신을 가지게 한다. 그는 이 책에 관해 '낡은 모든 관념의 단순한 모방이 아니고 독창적 사상의 지극히 시종 일관된 체계로 명석하여 알기 쉽고

쇼펜하우어

상당히 아름답다'라고 하며, '앞으로 다른 무수한 책이 쓰이는 원천이 되는 유인으로 될 것이다'라고 말하고 있다. 그러나 쇼펜하우어가 이 정도로 자신을 갖고 있었음에도 불구하고 이 저서는 거의 세상 사람들의 주의를 끌지 못했다고 한다. 출판 후 십수년이나 지나도 인쇄한 부수의 대부분이 휴지나 다름 없는 값으로 팔린 사실을 안 쇼펜하우어는 몹시 상처받았을 것이다. 그리고 그 저서가 주목받게 된 것은 19세기도 반을 지나고 나서부터이다. 쇼펜하우어를 받아들이기 위해서 사람들은 당시 유럽을 풍미하고 있었던 이상주의에 환멸을 느낄 필요가 있었기 때문이다.

이전부터 자신의 철학을 강의하고 싶다고 생각하였던 쇼펜하우어가 베를린 대학으로부터 부름을 받은 것은 그가 32세의 일이다. 그러나 자신의 강의 시간을 헤겔의 강의 시간에 맞추어 자신의 실력을 알리려고 한 의도는 어긋나고 '생각이 나서 보면 빈 좌석을 향해 말하고 있다'라는 상태였다. 그 때문에 자존심이 상한 쇼펜하우어는 머지 않아 강의를 그만두고 헤겔에 대해서는 허풍선이라든가 궤변가라는 심한 험담을 하는 형편이었다. 1831년 베를린에 콜레라가 유행하였으므로, 이것을 피하기 위해 프랑크푸르트로 이주하였다. 그리고 이곳에서 30년 남짓 여생을 보내게 된다.

프랑크푸르트에 정착한 그의 생활은,

'아트만(세계 영혼)이라고 명명한 개를 기르고, 매일 2시간은 산보를 하며, 긴 파이프로 담배를 피우고, 런던의 《타임스》지를 구독하고 자신의 명성의 증거를 그러모으기 위해 통신원들을 고용하였다. ……신령술이나 주술을 믿고 자신의 서재에는 칸트 흉상과 불상을 놓고 일찍 일어난다는 것을 제외하면 생활 태도는 칸트를 본받으려고 노력하였다'(러셀)

쇼펜하우어

라고 하는 방식이었다고 한다.

쇼펜하우어는 그 생애를 통해 결코 염세주의로 일관하여 산 것은 아니다. 러셀이 '쇼펜하우어의 교설은 그 자신의 생애에 의해 판단한다고 하면 성실한 것이라고는 말할 수 없다. 그는 일류 식당에서 진수 성찬을 먹는 것이 보통이었고 평범한 연애를 몇 번 하였지만, 그것은 육욕적인 것으로 정열적 연애는 아니었다. 또 그는 터무니없는 싸움을 즐겼고 이상할 정도로 탐욕스러웠다'라고 말하는 바와 같이 현실주의자적인 일면도 있었다. 또 만년 자신의 명성이 높아졌을 때에는 자신에 대해 쓰인 기사는 모두 탐독하고 대단한 만족감에 충족되었다고 한다.

1960년 9월 21일 아침 식사 테이블에 앉았던 쇼펜하우어는 테이블을 향한 채 조용히 아무에게도 시중을 받지 않고 72년의 생애를 마쳤다. 그것은 '열반'을 이상의 경지로 한 쇼펜하우어에게 어울리는 죽음이었다고 말할 수 있을지도 모른다.

밀

John Stuart Mill

(1806~1873년)

영국의 19세기 대표적 경제학자이자 철학자였던 존 스튜어트 밀은 1806년 5월 20일 런던에서 태어났다. 아버지인 제임스 밀은 스코틀랜드 출신이었지만 1802년부터 런던에서 거주하였다. 그는 밀이 태어난 해부터 ≪영령 인도사≫의 집필을 시작하였으며, 언젠가는 저술가로서 사회적으로 인정받는 존재가 되려는 야심을 갖고 있었다. 그리고 9명 형제의 장남으로 태어난 밀에 대한 교육열은 대단한 것이었다. 밀에 의하면, '아버지 자신의 생각에 따라 최고의 지적 교육을 시키려고 전례가 없을 정도의 노력을 하였다'라고 하는 바와 같이 3세부터 그리스어를 가르치고 8세에 라틴어를 가르쳤다. 물론 다

밀

른 학과 수학이나 역사를 병행하여 가르쳤으며, 13세에는 리카도의 ≪경제학 및 과세의 원리≫를 읽도록 하였다. 이런 혹독할 정도의 천재 교육을 받은 밀은 뛰어난 천재였다. 터먼이라는 심리학자에 의하면, 밀은 역사상의 인물 중에서 최고의 지능 지수를 가졌다고 한다.

밀이 2세일 때 당시 학자로 명성이 높던 벤담과 그의 아버지가 만났다. 처자를 거느리고 일정한 직업도 없는 제임스 밀의 생활을 10년 이상이나 여러 가지 점에서 보살펴 준 것도 벤담이었다. 아버지와 벤담의 친교는 밀의 사상 형성에도 커다란 영향을 주었다.

14세에 벤담의 동생인 사뮤엘 벤담에게 초청되어 1년 가까이 프랑스에서 보내게 된 밀은 엄격한 아버지로부터 해방되어 '대륙의 자유주의에 강하고 지속적인 관심'을 갖게 되며, 그것은 그의 성장에도 커다란 영향을 주게 되었다.

1822년 16세에 '2주에 1회 모여서 일치된 전제에 따라 각자의 논문을 읽거나 문제를 토의하는' 목적으로 공리주의자 협회를 설립하였다. 이 회는 '회원 수는 10명도 되지 못했고 회 자체도 1826년 해산되었다'라는 정도였다. 그러나 이 3년 반 동안의 경험은 밀의 정신적 진보에 상당한 영향을 주었다.

17세부터 밀은 아버지의 권유로 아버지의 직속 부하로 동인도 회사의 통신 심사부의 사무소에서 서기로 근무하여 연봉 30파운드의 수입을 얻게 되었다. 이후 동인도 회사가 폐지될 때까지 35년간 근무하게 되었다. 아버지의 계획대로 인생을 걷기 시작한 밀의 생활은 평화 그 자체였으며, 그 자신도 '자신의 행복은 확실하다고 자축하는 것이 습관'일 정도였다고 한다. 그러나 20세 가을에 돌연히 정신적 위기에 휩쓸렸다. '쾌락도 유쾌한 흥분도 느끼지 못했다. 다른 때라면 유쾌하게 느껴질 일이 참을 수 없고 도저히 좋게 느껴지지 않는

밀

심경'에 빠져 스스로 다음과 같은 질문을 한다. 즉, '만약 네 생애의 목적이 전부 실현되었다고 생각해 보라. 이것은 너에게 있어서 커다란 기쁨이며 행복인가?' 그러나 이에 대한 밀의 대답은 '아니오!'였다. 그의 생애를 지탱하고 있던 기반이 무너져 내린 것이다. '살아가는 목적이 하나도 남아 있지 않은 것처럼 보였다.' 그러나 반년도 지나지 않아 '희미한 하나의 빛'을 보았다. 프랑스의 문학자 만몬텔의 《회상록》을 읽던 중 부친을 잃은 저자가 수많은 괴로움을 자신이 떠맡으려고 하는 기특한 결의에 밀은 눈물을 흘리며 감동하였다. 이 경험이 밀에게 자신을 갖게 하였다. 자신은 결코 목석이 아니고 살아 있는 인간으로서의 감정도 마르지 않았다는 사실을 알게 된 것이다. '이리하여 구름은 서서히 사라지고' 다시 인생을 즐길 수 있게 되었다. 그리고 이 경험은 밀에게 '나의 행복이 모든 행동률(行動律)의 기본 원칙이며 인생의 목적이라고 하는 신념은 조금도 움직이지 않았지만, 행복을 목적으로 하지 않는 경우에 오히려 그 목적이 달성되었다고 이제 나는 생각하게 되었다. 자기 자신의 행복이 아닌 무엇인가 다른 목적에 정신을 집중하는 자만이 행복하다고 나는 생각하였다'라고 말하게 하였다.

그리고 인간적 교양으로서 시나 예술의 중요성에도 눈을 돌리게 되었다. 특히 22세의 가을에 읽은 워즈워스의 시는 '전원의 풍물이나 자연 경색에 대한 사랑을 강하게 호소하는' 것이며, 밀의 정신적 요구를 전면적으로 만족시켜 주는 것이었다.

이제 밀에게 벤담의 입장은 절대적인 것은 아니었다. 벤담의 사상은 밀 안에서 발효되어 벤담에게서는 없었던 새로운 내용을 만들게 되었다.

24세에 런던의 실업가였던 존 테일러에게 초대되어 그의 부인이며 밀보다

밀

1년 연하인 헬리에트 테일러를 만나게 되었다. 그녀는 몸집이 작고 연약한 체격의 보기 드문 미인이었다고 한다. 그리고 '깊고 강한 감정의 소유자였으며 예민한 직관적인 지성과 뛰어나게 명상적이며 시적인 자질을 갖춘' 여성이었다고 한다. 이 여성에게 밀은 마음을 전부 빼앗겼다. 그러나 다른 사람의 부인이며 자녀까지 있었던 해리에트 테일러와의 사랑은 대단히 곤란하였다. 부친을 위시하여 주변 사람들의 날카로운 비난을 견뎌야 했다. '사회의 관습이라는 것이 이렇게 완전히 개인적인 문제에 구속력이 있다고는 생각하지 않았지만, 그럼에도 불구하고 어떤 의미에서도 그녀의 남편에게, 나아가서는 그녀 자신에게 오점을 남기는 행동을 삼가할 의무가 있다'고 생각한 밀과 그녀의 사이는 순수한 정신적인 사랑으로 유지되었다. 그것은 20년이나 플라토닉 러브로 지속되었다.

  1849년 7월, 밀이 43세일 때 헬리에트 테일러의 남편이 결핵으로 사망하였다. 따라서 2년 후에 두 사람은 정식으로 결혼하였다. 결혼식은 잉글랜드의 남안 웨이머스 근처 웰컴 레지스에서 그녀의 두 자녀가 증인으로 되어 거행되었다. 이후에는 런던 교외의 블랙히스로 이주하였다. 그러나 20여 년의 긴 세월 뒤에 찾은 두 사람의 행복은 겨우 7년 반만에 종지부를 찍게 된다. 1858년 밀이 52세인 11월 3일에 감기가 원인이 되어 헬리에트가 급사하였기 때문이다. 그것도 피한 여행으로 남프랑스의 아비뇽에 왔을 때 일어났다. '그 손실이 얼마나 큰지 그것을 조금이라도 전달할 말을 모른다'라고 할 정도로 충격적인 사건이었다. 그리고 그는 '그녀의 희망이었다고 생각하기 때문에, 나의 남은 여생을 활용하여 그녀를 생각하며 추억의 그녀와 만나 그녀의 유지(遺志)를 위해 행동할' 결심을 한다.

밀

해리에트의 묘를 아비뇽에 세운 밀은 이후 해리에트의 장녀인 헬렌 테일러와 함께 아비뇽과 런던 양쪽에서 생활을 하게 된다. 런던에서 밀은 원기를 회복하여 부인이 생존하였을 때보다 더 왕성하게 활동을 시작하였다.

55세에 미국에 남북 전쟁이 일어났다. 당시 영국 여론은 남부를 응원하였지만, 그는 그것을 비난하고 스스로 북부 지지의 여론 형성에 노력하였다.

1865년 7월에는 런던의 웨스트민스터구에서 선출되어 하원 의원으로 되었다. '전지 전능한 하나님이라도 당선시키지 못할 것이다'라고 할 정도로 소극적인 선거 운동밖에 하지 않은 밀이 수백 표의 차이로 상대인 보수당 후보자를 물리치고 당선되었다.

국회 의원으로서 밀은 성실하였고, 참정권에 대해서도 남성뿐 아니라 여성에게도 주어야 한다고 주장하여 주목받았다. 그러나 2년 후 하원이 해산되어 두 번째 선거를 실시할 때에 보수당으로부터 부당하다고 생각될 정도의 공격을 받고 그의 정치 생명은 끊어지게 되었다. 굴욕으로 런던을 떠난 밀은 62세였다.

아비뇽으로 돌아온 밀은 다시 학구 생활을 계속하였다. 남유럽의 화창한 전원 생활은 그의 마음을 누그러뜨렸다.

1873년 5월 초, 곧 66세가 될 어느날 《곤충기》로 유명한 프랑스의 곤충학자인 파브르와 함께 멀리 나갔다. 이때 밀의 기분은 대단히 즐거웠으며 스스럼없는 친구와 좋아하는 꽃의 향기로 가득한 늦봄의 들을 산책할 수 있었던 것은 행복이었다. 그러나 이것이 그의 마지막 산책이 되었다. 나흘 후에 그는 65세 11개월의 생애를 양녀인 헬렌의 시중을 받으면서 세상을 떠났다. 죽기 직전에 '나는 일을 했다네'라고 헬렌에게 속삭였다고 한다. 과연 밀의 최후의

밀

말에 어울리는 것이었다.

키에르케고르

Sören Kierkegaard

(1813~1855년)

　어떤 사상가에 있어서도 그 사람의 사상과 생활은 떼어 놓기 어렵게 연결되어 있는 것이 보통이다. 그 상태도 사상가에 따라 가지각색이지만, 키에르케고르만큼 그들 생활과 사상과의 연결을 의식적으로 유지하고 있었던 사람은 드물다. 사적인 세계가 그 특유의 이상하기까지 한 섬세한 감각에 의해 파악되고 순화되어 그 결과 하나의 사상이 형성된 것이 키에르케고르의 모든 것이다.

　쇠렌 키에르케고르는 1813년 5월 5일 작은 나라 덴마크의 코펜하겐에서 부유한 직물 상인의 막내로 태어났다. 이때 이미 아버지인 미카엘은 56세,

키에르케고르

　어머니인 안네는 45세의 고령이었다. 그 탓도 있었는지 그는 선천적으로 허약한 몸을 하고 있었다. 이 일은 일찍부터 그의 마음에 깊은 상처를 주었고 평생 그를 붙잡았다. 일지에는 다음과 같이 쓰여졌다. '수족이 허약하고 말랐으며, 병신과 같은 빈약한 몸매로 신체가 건강한 사람의 눈에는 웃음거리로 비쳐질 모습'이다. '무슨 일에도 자진해서 참가할 수 있고, 체력이 있으며, 막힘이 없이 건강하고, 강한 인간일 것, 옛날 나는 그런 인간이 되고 싶다고 몇 번이고 생각하였다. 청년 시절을 통해 그 일에 대한 내 걱정은 두려워할 만한 것이었다.'

　보통 어떤 소년이라도 그렇지만, 키에르케고르의 소년 시절 생활은 가정 분위기에 강하게 영향을 받았다. 그의 집에는 항상 기분 나쁜 바닥을 모르는 비밀이 흐르고 있었다. 그것은 아버지 미카엘의 우울에 원인이 있었다. 그것이 자주 인용되는 실존적 절규를 낳은 것이다. '나에게 진리다운 진리를 발견하게 하고 내가 그것을 위해 살다 죽고 싶을 만한 이데아를 발견하는 일이 필요하다. 소위 객관적인 진리 등을 탐구해 보았자 그것이 무슨 소용이 될 것인가?' 그렇다면 왜 키에르케고르의 아버지는 우울에 빠져 있었을까? 그 하나는 부친이 소년 시절에 유틀란트 황야에서 양을 보고 있을 때 추위와 굶주림을 신에게 저주한 것이다. 다른 하나는 부모의 결합(혼전에 부친이 당시 하녀였던 모친을 임신시켰다)을 아버지가 죄로 의식하였던 것이다. 아버지가 이 두 가지 돌이킬 수 없는 과거의 체험을 죄로 느끼면 느낄수록 아들 쇠렌에게 가정의 무거운 분위기가 걱정이 되었다. 그런 만큼 사실을 아버지의 입에서 들었을 때 키에르케고르의 공포는 커다란 것이었다. 소위 키에르케고르의 대지진이다.

키에르케고르

이런 아버지의 욕망에 오염된 피를 받은 키에르케고르 형제가 마치 부친의 죄의식을 더듬는 것처럼 차례로 숨을 거둔 것이다. 모친도 그 즈음(1834년) 사망하였다. 부친과 그 일족에 덮친 암담한 운명 의식, 이것이 키에르케고르의 일생을 꽉 에워쌌다.

1835년 대지진을 체험하고부터 1838년(25세) 자신의 살 길을 찾아낼 때까지 사이를 키에르케고르는 허무와 절망의 나날을 보낸다. 이해 그의 일생을 결정한 아버지 미카엘이 사망한다. 그에 앞서 '반감적 공감·공감적 반감'이라는 아버지와의 깊은 갈등을 거쳐 키에르케고르는 아버지의 죄를 용서하고 화해한다. 그것은 무엇인가 단조로운 형태로의 화해, 즉 아버지를 용서함으로써 자신으로부터 부친의 고뇌를 내쫓는 것이 아니고 반대로 전보다 더 부친의 고뇌를 자신의 내면으로 거두어들이고 자신의 죄로 만드는 것을 의미하고 있었다. 혼란한 나날 중에 있으면서도 하여간 27세에 코펜하겐 대학의 신학부 목사 시험에 합격하였다.

이런 어두운 기분에 둘러싸인 생활을 보내고 있던 청년 키에르케고르에게 하나의 광명이 쏟아져 들어왔다. 어둠이 깊을수록 밝음도 한층 그 강도를 높이는 것이다. 이것이 레기네 올센과의 첫 만남에 대한 그의 심경이었다. 1837년(24세) 처음으로 그가 레기네를 알았을 때 그녀는 15세였다. 이 아름다운 소녀는 키에르케고르 인생에 '영원한 연인'의 낙인을 찍는다. 키에르케고르는 만년 많은 저서를 써서 남겼으며, 그 대부분을 레기네와의 간접적 대화의 의미를 담아서 그녀에게 바친 것이다. 그 중에서도 《유혹자의 일기》는 레기네와의 만남을 빼면 읽을 수가 없으며, 문학적인 색채를 드러내고 있다.

최초의 만남으로부터 3년 후 키에르케고르는 그녀에게 청혼한다. 키에르케

키에르케고르

고르는 신청한 날부터 2일 후에 올센 가의 결혼 허락을 받았다. 그녀에 대한 그의 사랑은 일반적인 세상의 연애와 마찬가지로 성장하였을 것이다. 그러나 키에르케고르 자신은 결코 그런 행복에 빠져 있을 수가 없었다. '약혼 다음날 나는 과실을 범한 것을 깨달았다. 회오자였던 나, 나의 경력, 나의 우울, 그것만으로 충분했다. 나는 그 즈음 책을 쓸 수 없을 만큼 괴로웠다.' 약혼한 남녀는 그대로 결혼하는 것이 당연하다. 그러나 키에르케고르는 1841년 자신이 일방적으로 약혼을 파혼한 것이다.

왜 키에르케고르는 그런 행동을 하였을까? 이 문제는 키에르케고르의 사상을 연구하기 위해 지극히 중요한 것이지만, 불행한 상태에 있는 인간이 어떤 노력을 기울여도 자기의 마음을 표현할 수 없는 것처럼, 그것은 밖에서 바라보고 알 수는 없는 것이다. 다만, 적어도 여기서 말할 수 있는 것은 그 곳에서도 그의 특유한 역설성이 작용하고 있다는 점이다. 사랑은 그 긴장도에 따라 확인된다. 양자 사이에 떨어진 거리가 클수록 사랑은 내면화한다. 그런데 파혼당한 레기네는 그의 마음속을 들으려고 몇 번이나 묻지만, 결국 진의를 이해하지 못하고 슬픔 속에서 쉴레겔이라는 그녀의 가정 교사였던 청년과 결혼한다. 그러나 죽을 때까지 키에르케고르의 사랑은 변하지 않았다.

앞에서도 기술한 바와 같이 레기네와의 이별이 인연이 되어 그의 저작 활동은 시작되었다. 일단 키에르케고르의 안에서 사라졌다고 생각되었던 부친의 문제도 레기네 체험과 얽혀서 새로운 단장하에 기독교적 지반 위에서 문제삼게 된다. '만일 내가 신앙을 갖고 있었으면, 나는 레기네 곁에 머물렀을 것이다'라는 기술이 나타내는 바와 같이 이제 실존에서의 신앙의 문제가 확실해진다.

그 후 십수년의 세월을 대부분 그런 테마를 기축으로 하여 키에르케고르는

키에르케고르

저작 활동에 소비하였다. 그러나 키에르케고르 전기상 또 하나의 잊지 못할 사건이 있다.

그것은 후에 ≪코르사르≫ 사건(1845년 이후)이라고 불리는 것이다. 이 사건의 발단은 키에르케고르의 저작을 평소 탐탁하지 않게 생각하였던 미학자 포오르 메라에 의한 비난이었다. 메라는 당시 매스컴 전체의 풍조를 똑똑히 보고 키에르케고르에 대한 공격을 ≪코르사르≫라는 풍자 신문에서 개시하였다. 그것은 문자 그대로 풍자에 적당하며 적지않이 비열한 면을 지니고 있어서 키에르케고르의 신체적 결함을 풍자한 만화를 게재하기도 하였다. 레기네와의 체험도 이 신문에 의하면 다음과 같이 해석되었다.

'1년 전 오늘 그렇다! 그때 나는 약혼하였다. 그녀는 정말 귀엽다. 그러나 악마가 그렇게 귀여운 처녀 속에 숨어 있다. 그녀는 알지 못한다. 내가 약혼하려고 하고 또 동시에 그것을 끝내려고 하는 것을, 결혼하려고 하고 또 동시에 결혼하고 싶지 않다고 생각하고 있는 것을.'

그 신문은 또 키에르케고르가 인생을 '해부실'로 생각하고 있다고 빈정댄다. 그러나 키에르케고르는 그런 비난을 받고 일어서서 메라 한 개인뿐 아니라 오히려 그 풍자 신문에 은밀히 찬동을 표시하고 있는 대중에 대해, 또 그런 대중을 교육해 온 국가에 대해 자신의 기독교적 실존을 무기로 투쟁을 감행하였다. 그는 이 사건 때문에 일단 자신의 업무를 완성한 시점에서 시골 구석에서 목사로 조용히 지내려고 생각하고 있었지만, 결국은 다시 이 문제와 씨름하게 된다.

이 사건은 당시 대중의 데모크라시를 예리하게 파헤치기를 키에르케고르에게 가르쳤으며, 그와 동시에 덴마크 교회에 대한 비판으로 발전하였다. 소위

키에르케고르

≪순간≫이라고 하는 1855년에 그의 손으로 출판한 팜플렛에 의해 그는 지극히 과격한 교회 비판을 하였다. 이해 최후의 ≪순간≫을 쓰는 도중 의식을 잃고 소파에서 침상으로 그는 무너지듯이 쓰러졌다. 일단 회복할 듯이 보였던 병이 다시 그를 습격한 것은 노상에서 산보하고 있던 때였다. 그리고 1개월 남짓 지난 11월 11일 프레데릭 병원에서 키에르케고르는 42년의 생애를 마감하였다. 그의 묘비에는 그의 생전 희망에 따라 어떤 시인의 시가 새겨져 있다.

'이제 잠깐입니다. 내가 승리를 얻을 때가 되는 것은. 그때에는 투쟁은 모두 순식간에 사라질 것입니다. 그때 나는 쉴 수 있습니다. 아름다운 낙원에서. 그리고 언제까지나 내 주 예수라고 말할 수 있습니다.'

두 번의 외국(독일) 여행 이외에는 덴마크를 떠나지 않고 일생을 부친의 유산을 소비하면서 독신 생활을 보낸 키에르케고르는 틀림없이 그의 저작에 나타난 '단독자'라는 카테고리에 적합한 사람이었다. 아마도 키에르케고르는 우리들에게 자신의 전기를 알려 주기를 바라지 않았을 것이다. 왜냐하면 그가 설명하는 실존 사상의 핵심으로 말하면, 전기라는 것은 아는 것이 아니고 다른 사람의 성실한 인생의 흐름을 통해 각자가 각각의 '단독자'를 살리는 일 또는 그것을 만들어 내는 것을 배우는 일이기 때문이다.

제임스

William James

(1842~1920년)

 가장 미국적인 사상인 프래그머티즘의 창시자였던 제임스는 1842년 뉴욕에서 태어났다. 아버지인 헨리 제임스는 불행하게 13세에 과학 실험 도중 큰 화상을 입어 한쪽 발을 잃었지만, 성격은 밝고 분방한 사람이었다. 그는 특별히 정해진 직업이 없었고 때때로 강연을 하는 외에 연구와 집필에 전념하였다. 어머니인 메리 로버트슨 월슈는 헨리 제임스의 프린스턴 대학 시절 친구의 누이였다. 상냥하고 조용한 사람으로 헌신적으로 남편과 자녀들에게 정성을 다했다.
 부친인 헨리는 신체가 부자유했지만 자주 이사를 하였다. 그 이유는 자신의

제임스

연구 때문이거나 자녀의 교육 때문이었다.

제임스가 2세일 때 일가는 유럽으로 가서 2년간 살았다. 그리고 5세에 알바니아를 거쳐 다시 뉴욕으로 되돌아왔다. 여기서 제임스는 학교 교육을 받지만, 부친의 방침으로 여기 저기 학교를 옮겼다. 13세에 다시 유럽으로 건너가 3년간 런던, 제네바, 파리, 본 등을 전전한 후 1858년에 미국 뉴포트로 이주한다. 유럽에 체재하고 있던 무렵, 즉 제임스가 16세일 때 아버지가 어머니에게 보낸 편지 중에 제임스에 대해 다음과 같이 쓰고 있다.

'윌리(윌리암)는 이과 공부에 전념하고 있습니다. 반드시 훌륭한 학자가 되려고 생각하고 있습니다. 올 여름에는 콜레쥬 암베리알에 다니고 있으며, 한 선생님이 며칠 전 나에게 "대단히 훌륭한 학생입니다. 파리에서 받을 수 있는 일류의 과학 교육을 받도록 할 것입니다"라고 말했습니다. 그러나 내가 좀더 기쁜 것은 그 지식보다 도덕적인 가치입니다. 그는 이렇게 확고한 주의를 갖고 있고 동시에 동생에 대해서도 어느 때나 돕고 결코 억누르려고 하지 않는 관대하고 융화적인 행동을 하고 있습니다.'

1859년에는 다시 스위스 제네바에서 1년간 체재하고 여기서 제임스는 아카데메이아에 들어가지만, 1860년에 독일로 가서 스트롬베르크 사숙(私塾)에 들어갔다. 이렇게 학교를 전전한 제임스가 자신의 학교 교육에 관해 거의 평가를 하지 않고 있는 것도 당연하다. 그는 학교 교육을 받은 일이 없다고까지도 말하고 있다. 그는 여행과 일상 생활 중에서 학교 교육 이상의 것을 배웠다.

제임스가 자신의 장래에 대해 구체적인 이미지를 가진 것은 18세경이었다. 그가 독일 본에 있었을 무렵이다. 그는 화가가 되려고 결심하였다. 이 일에

제임스

대해 그의 부친은 '우리들이 그 곳에 도착하든지 아니든지 윌리는 기회를 잡았다고 말했습니다. 그는 화가가 되고 싶다는 희망을 강하게 느꼈으므로, 이이상 과학 교육을 위해 시간과 돈을 사용하는 것은 가치가 없다고 생각한다고 말합니다. 정직하게 말하면, 나는 이 소식을 듣고 대단히 놀랐습니다. 적지않이 슬펐습니다. 나는 쭉 그를 과학의 길에 정진시키고 싶다고 생각하였기 때문입니다. 그리고 지금도 이 점에 대해 내 계획에 실현되는 날이 오기를 바라고 있습니다'라고 말하고 있다. 그리고 이해 가을 일가는 뉴포트로 돌아오고 제임스는 회화 공부에 열중하였다.

그러나 1년 남짓 지나는 동안에 제임스는 회화가 자신의 천부가 아니라는 것을 알았다.

이렇게 하여 19세의 제임스는 1861년 가을에 하버드 대학 이학부 로렌스 사이엔스 스쿨의 화학과 학생으로 들어간다. 이 해는 남북 전쟁이 시작되어 제임스의 두 형제나 많은 친지들이 종군하였지만, 제임스 자신은 병약하였기 때문에 종군하지 않았다. 이 무렵의 그는 아직 사회 문제에 흥미를 나타내지 않는다.

그가 화학 공부를 시작할 무렵의 선생이 뒤에 하버드 대학 총장이 되어 제임스를 교수로 만든 찰스 윌리엄 엘리오트이다. 엘리오트는 당시의 제임스에 대해 '제임스는 대단히 재미있고 기분이 좋은 학생이지만 화학 공부에 전념하지는 않았다. 화학과 학생으로 재적한 2년간은 건강이 나쁘기 때문에, 또는 내가 생각한 바로는 어딘가 신경적 소질의 섬약함 때문에 공부에 방해를 받았다. 다른 과학이나 사상의 영역에서 방황하는 일도 드물지 않았다. 그의 마음은 방황성을 갖고 있었고 실험, 특히 신기한 실험을 좋아하였다. 나는 그가

제임스

비범한 지력, 현저한 정신성, 위대한 인격적 매력을 갖고 있다고 하는 확실한 인상을 받았다'라고 말하고 있다.

22세에 제임스는 하버드 대학 의학부에 들어간다. 그리고 다음해 아마존 강 유역의 학술 탐험대에 참가한다. 1865년 4월 1일에 뉴욕을 출범한다. 4월 20일 브라질에 도착하자 곧 그는 천연두에 걸렸다. 이때 되돌아가려고 생각했지만 결국 머물렀다. 또 이때 눈이 나빠졌으며, 이 일은 그 후 그의 일생에 영향을 준다. 생물학에 다소 흥미를 갖고 있었던 제임스는 아마존 탐험 이후 자신은 활동적 생활보다 사색적 생활에 적당하다고 생각하게 되었다. 배에서 가족에게 보낸 편지 중에 '내가 집에 돌아가면 모든 시간을 철학 연구에 바치고 싶다'라고 말하고 있다.

1866년 3월 보스턴으로 돌아온 제임스는 다시 하버드에서 의학 공부를 시작하였다. 그리고 27세인 1869년 6월에 졸업할 때까지 그럭저럭 계속되었다. 그 동안 1867~1868년에는 독일로 유학하였으며, 건강 상태도 좋지 않고 정신적으로 불안정하였다. 불면, 소화 불량, 눈병, 요통, 우울 등의 병에 시달렸다고 한다.

졸업 전후 약간 회복되었던 건강은 그 후 다시 악화되어 27세부터 30세까지 요양 생활을 하였다. 이 고난의 시기에 제임스는 그 철학의 기조를 완성하였다고 말할 수 있다. 그의 철학은 우선 개인적 위기에서 인생의 구원으로 태어난 것이다. 그리고 이 철학에 의해 암울에서 탈출을 시도한 것이다.

30세에 제임스는 하버드 칼리지의 생리 위생학 강사가 되었다. 여기서 그는 35년간의 교단 생활을 시작하였다. 그 후 일시적으로 건강을 해치기도 했지만, 33, 4세경부터는 대단히 안정되었다.

제임스

　1878년은 제임스로서 빛나는 해였다. 6월에 헨리 홀트 회사와 '아메리카 과학 총서'의 한 권으로 ≪심리학 원리≫를 기고하였다. 또 2년 전부터 사귀고 있었던 앨리스 깁슨이라는 학교 선생인 여성과 결혼하였다. 앨리스와의 결혼은 그를 대단히 행복하게 만들었다. 그녀는 재색을 겸비한 여성으로 가정 생활에서도 훌륭한 주부였고 남편의 진정한 이해자이기도 하였다. 제임스의 건강은 회복되어 수업, 독서, 집필 등도 정력적으로 하게 되었다. 제임스는 부인이 없었던 때를 '나는 결혼 중에 이제까지 예전에 몰랐던 평정과 안식을 찾았다. 10년 전에 결혼하였으면 좋았다고 생각한다'라고 말하고 있다.

　38세에는 생리학에서 바꾸어 철학 조교수가 되었다. 그리고 43세에 철학 교수가 되었다. 유럽 각지를 여행하는 동안 그의 자신은 점점 확고해졌다. 자신에 대한 자신, 하버드 대학에 대한 자신, 미국에 대한 자신이다. 그는 순수한 미국인이었다.

　제임스에게 40세부터 50세까지 10년간은 안정과 활동의 시기였다. 1890년 48세에 기고 이후 12년 만에 ≪심리학 원리≫가 출판되었다. 오랜 세월을 소비하여 이 책을 쓴 제임스로서는 그 완성은 하나의 구획이었다. 당시 자신은 이 책을 쓰면 당분간은 심리학과는 작별하겠다고 할 정도의 대단한 작업이었다. 커다란 종이에 작은 글자로 써서 1400쪽이나 되었다고 한다.

　또 제임스는 심령 현상의 연구에 흥미를 가졌던 시기가 있었다. 30대부터 40대에 걸친 시기였다. 실제로 그는 영매에 참가하여 강신술회에 나가기도 하였다. 그의 심령 현상에 관한 의견은 <심령 연구의 성과>라는 논문으로 정리되었다.

　50세부터 57세에 걸친 제임스의 생활은 가장 안정된 것이었으며, 교수로

제임스

서도 가장 원숙한 시대였다고 할 수 있다. 그는 항상 '함께 인간이다'라는 입장에서 강의를 하였다. 제임스는 또 상당히 미적 센스의 소유자였다. 복장에 대해서도 개성과 자유를 중시하였고, 보통은 넉넉한 형식을 차리지 않는 복장을 즐겨 입었고, 갈색을 좋아하였다.

56세 여름, 그는 대륙을 횡단하여 캘리포니아로 가는 도중 아디론닥스로 갔다. 7월 8일 아침 7시에 로지를 떠나 무거운 짐을 지니고 5시간이나 걸어서 마시 산 정상에 도착하였다. 그리고 4시경 1시간 정도 걸어서 캠프까지 내려와 숙박하였지만, 잘 자지 못하고 다음날 아침 6시에 마시 산 정상으로 가서 10시간이나 걸어 밤 8시 킹 발리의 숙소에 도착하였다. 이것은 대단한 강행군이었으며, 이 뒤에 그는 심장병에 시달리게 되며, 드디어 그를 죽음으로 이끌게 된다.

심장병에 시달리면서도 그의 정신은 빛나서 더욱이 새로운 빛을 더하고 있었다. 60세부터 철학자로서 제임스의 활동이 시작된다. 65세에 《프래그머티즘》을 출판하고, 67세에 《진리의 의미》, 《다원적 우주》가, 그리고 그의 사후 출판된 《철학의 제문제》가 쓰여졌다.

60세를 넘은 제임스는 생리적으로는 만년이었지만, 정신적으로는 결코 만년이 아니었다고 말할 수 있다. 그는 죽을 때까지 성장을 계속한 사람이었다.

그가 하버드 대학에서 마지막 강의를 한 것은 1907년 1월 22일이었다. 마지막 강의는 평소와 다름 없이 진행하였고, 두 학생의 이별 인사에 제임스는 깊이 감동하였다고 한다.

1910년 4월 비로소 요양을 위해 영국 라이로 갔으며, 베르그송을 만나기 위해 파리로 갔다가 온천지 나우하임에서 치료를 했다. 나우하임에서의 치료

제임스

가 효과가 없어서 철수하여 제노바로 갔을 때에는 상당히 악화되었다. 그리고 초코루아 별장에서 8월 26일, 68년의 생애를 조용히 마감하였다.

니체

Friedrich Wilhelm Nietzsche

(1844~1900년)

19세기 말에 이미 니힐리즘의 도래를 예언한 문학자적 철학자 니체는 1844년 10월 15일 프로이센령 작센 주의 소읍 레켄에서 태어났다. 아버지인 카알은 온화하고 친절한 인품을 지닌 루터파 목사였다. 그의 조상은 폴란드의 귀족이고, 그 자신도 젊었을 때는 귀족의 저택에서 가정 교사를 한 경험이 있으며, 심정적으로는 보수적인 국가주의자였던 것 같다. 그것은 그가 자신의 첫 아들에게 당시 프로이센 왕인 프리드리히 빌헬름 4세의 이름을 그대로 붙인 것으로도 살필 수 있다. 기이하게도 그의 아들 니체는 이 프로이센 왕국이 탄생된 그 날에 탄생한 것이었다. 어머니인 프란체스카의 가계도 대대로 성직

니체

자이며, 어머니는 신앙심이 깊고 개성이 강한 여성이었던 것 같다. 그것은 그녀가 스파르타식의 엄격함을 가지고 자녀들의 교육에 임했던 것으로도 알 수 있다.

니체가 태어난 다음해에는 누이 엘리자베스가, 또 2년 후에는 동생 요제프가 탄생하여 이 일가의 온화한 나날은 영원히 계속되는 듯하였다. 그러나 1849년 4월 니체가 아직 4세였을 때 아버지인 카알은 돌연 36세의 젊은 나이로 세상을 떠났다. 사인은 뇌연하증이었다고 한다. 이것이 니체의 불행을 알리는 예고였다. 다음해에는 동생 요제프가 겨우 2세로 타계하였다. 사랑하는 육친을 연이어 두 사람이나 잃어버린 충격은 몹시 심한 것이었다. 니체가 5세일 때 일가는 고향인 레켄을 뒤로 하고 성을 중심으로 한 아름다운 고장 나움부르크로 이주하였다. 그 곳에서 조모와 두 사람의 백모와 니체 모자 세 사람이 근근히 생활을 영위하였다.

니체는 조용한 어린이였지만, 보통 사람과는 다르게 강한 의지와 동시에 홍분하기 쉬운 신경질적인 일면을 갖고 있었다.

6세에 시립 국민학교에 입학한 귀족적인 태도와 심각한 성격을 지닌 어린 니체에게 붙여진 별명은 '작은 목사님'이었다. 이 '작은 목사님'도 때로는 누이를 상대로 어린이다운 놀이에 열중하였다. 여름에는 수영에 열중하고 겨울에는 스케이트에 흥겨워하였다. 또 성가의 작곡 등에 관계하였다.

10세에 대학 진학을 위한 중·고교 교육 기관이었던 김나지움에 입학하였다. 성적은 발군으로 모친의 자랑거리였던 니체의 장래는 밝게 빛나고 있었던 것으로 생각된다. 단지 12세부터 때때로 두통에 시달렸고 눈병의 징후도 나타나기 시작하였다.

니체

14세에 돌연 프포르타 학원의 특대생이 되었다. 프포르타 학원은 피히테, 랑케 등 위대한 사람을 배출한 명문교이다. 모두 기숙사 생활을 하며 철저한 개인 지도를 받았다. 그 곳에서는 인문주의적 고전 교육을 주로 받았다. 니체의 성적은 이곳에서도 수학을 제외하면 발군이었다고 한다.

그는 '게르마니아'라는 서클을 만들어 친구들과 함께 논문이나 작곡한 것을 가지고 모여서 서로 토론하며 경박한 박학자가 되지 않도록 경계하였다.

20세에 <메가라의 테오그니스에 관하여>라는 제목으로 졸업 논문을 쓰고 프포르타 학원을 졸업하였다. 그리고 곧 본 대학에 입학하여 신학부와 철학부(현재의 문학부)에 적을 두었다. 여기서 그는 리츨 교수의 고전 문헌학 강의에 매료되어 그를 목사로 만들려던 어머니의 뜻에 반해 신학에서 멀어지는 결과가 되었다.

본 대학에 입학한 니체는 곧 '프랑코니아'라는 학생 단체에 가입하고, 그 청춘을 얻는 바가 많은 것으로 하려고 했지만, 맥주를 마시고 춤추고 노래하며 논한다고 하는 자유로운 분위기에는 익숙해지지 못하고, 존경하는 리츨 교수가 라이프치히 대학으로 옮긴 것을 계기로 니체 자신도 전학할 결심을 하고 '프랑코니아'에 퇴단계를 제출하였다. 그에 대해 그 학생 단체는 쾌히 '리본장 증정에 의한 명예로운 퇴단'을 인정한다고 회답하였다. 그럼에도 불구하고 이 리본장은 결백한 니체로서는 커다란 정신적 부담을 가져온 이외에는 아무것도 아니었다. 그래서 그는 이것을 '프랑코니아'의 본연의 자세를 비판하는 편지를 첨부하여 반환하였다. 모처럼의 호의를 짓밟힌 '프랑코니아'의 동료들은 대단히 분노하여 결국 니체는 제명당했다.

라이프치히 대학으로 옮긴 것은 21세의 10월이었다. 하숙 생활을 시작한

니체

니체는 다소 염세적인 견딜 수 없는 기분에 빠지는 일도 있었던 것 같다. 이런 때 그는 쇼펜하우어의 《의지와 표상으로서의 세계》를 만났던 것이다. 그가 하숙하고 있던 고서점의 선반에서 우연히 눈에 띈 책은 니체를 포로로 만들었다. '2주간 계속하여 밤에는 마지못해 2시에 잠자리에 들고 아침에는 꼭 6시에 일어난다'라고 할 정도로 집중하고 있었다. 어두운 염세 철인 쇼펜하우어의 사상은 당시 니체의 기분에 어울렸다고 생각된다. 그는 쇼펜하우어로부터 자신의 생활 방식의 기본을 배우고 있다. 그리고 쇼펜하우어의 염세 철학을 초월하여 독자의 생의 철학을 형성하게 되는 것이다.

또 이후 3년 정도 경과하여 그는 당시 수많은 독창적인 작곡이나 가극 연출에 그 재능을 발휘하고 있던 바그너와 사귀게 된다. 니체는 24세였다. 그가 바그너의 음악을 알고부터 7년이 지나서였다. 30세 이상이나 연상인 천재 음악가 바그너와의 우정은 니체의 생애에 헤아릴 수 없을 정도로 커다란 영향을 주었다. 이 우정은 10년 동안 대단한 친밀감을 유지하며 지속되었지만, 이윽고 결별하였다. 1878년 바그너의 기독교적인 《파르지팔》이 니체에게 왔다. 그에 대한 니체의 답장은 종교로부터 결정적으로 이반된 《인간적인, 너무나 인간적인》을 바그너에게 보낸 것이다. 여기서 니체와 바그너의 우정은 종지부를 찍게 된다.

1869년 2월에는 오랜 역사 도시 바젤로 초대되어 바젤 대학의 고전 문헌학 교수가 된다. 24세의 아직 학위도 받지 못한 니체가 그 재능을 인정받아 대학 교수의 지위를 얻은 것이다. 그해 5월에 〈호메로스와 고전 문헌학〉이라는 제목의 교수 취임 연설은 호평을 얻어 그의 성가를 부동의 것으로 하였다. 이리하여 국적을 스위스로 옮긴 니체의 주변에는 르네상스 문화의 연구로 유

니체

명한 세계적인 역사가 부르크하르트나 서로 종교관의 일치 때문에 의기 투합하여 5년간이나 같은 하숙에서 생활한 교회사 교수 오퍼베크 등이 있다.

또 라이프치히 대학 시절의 친구로 후에 라이프치히 대학의 문헌학 교수로 된 로데와도 편지 교환을 통해 교우 관계를 유지하였다.

니체의 전도는 양양하게 열려 있는 것처럼 보였지만, 1870년 애국심에 사로잡힌 니체는 보불 전쟁에 간호병으로 지원하여 종군하였다. 이전에도 그는 나움부르크의 기마 야전 포병 연대에 입대한 경험이 있고 반년 정도의 군대 생활 후 낙마하여 5개월 가까이 와병 생활을 하였으며, 이번에도 또 이질과 디프테리아라는 중병이 되었다. 할 수 없이 바젤 대학으로 복귀하지만, 그 후의 건강 상태가 시원치 않아 편두통과 위병이 지병으로 되어 버렸다. 결국 교수 생활 10년 남짓하여 바젤 대학을 퇴직할 수밖에 없게 되었다. 이후 니체의 생활은 바젤시로부터의 연금에 의지하게 되었다. 1879년 6월에 퇴직한 니체에게 이 해는 '내 생애 중에서 가장 어두운 겨울'이라고 하는 바와 같이 고뇌에 가득 찬 듯하다. 1년 중에 118일에 달하는 편두통의 발작에 시달리는 상태였다.

니체는 그 생애를 통해 결혼을 하지 않았지만 전혀 연애 경험이 없었던 것은 아니다. 19세경에는 하급생의 누이였던 안나 레텔에게 어렴풋한 애정을 품었고, 21세경에는 여우 헤드위히 라베에게 매료당했다. 또 31세경에는 여류 음악가 마틸다 트란페다하에게 겨우 4시간 산책한 후 구혼 편지를 보냈다. 그러나 어느 것도 결혼으로는 연결되지 않았다. 원래 니체로서 여성은 사랑의 대상이기보다 훨씬 실리적이며 편리한 존재로서밖에 의미를 지니지 못했다. 즉, 자녀를 낳고 가정을 정돈한다는 사명 이외에 여성에게 바라는 것은 없다

니체

고 생각하고 있었다.

　37세에 그가 만났던 루 폰 살로메는 니체의 영혼을 크게 흔들었다. 루는 21세의 러시아 장군의 딸로 취리히에서 공부하기 위해 여행하는 도중이었다. '높은 이마와 그러올린 블론드 머리, 지그시 응시하는 깊은 하늘빛의 눈, 다소 육감적인 입과 형태가 예쁜 턱'을 갖춘 이 젊은 여성은 강렬한 인상을 주변 사람들에게 주었다.

　니체가 루를 처음 만난 것은 1882년 4월 로마의 산피에토로 사원에서였다. 독일의 여성 해방 운동가로 니체와는 바그너의 음악을 통해서 알게 된 말비다 폰 마이젠부크의 배려였다. 여기서 말비다의 로마 별장에 출입하고 있던 니체의 친구로 32세의 유태계 자산가의 아들인 파울 레와 니체와 루의 세 사람의 기묘한 공동 생활이 영위되지만, 결국 1년도 지나지 않아 상호 관계는 끊어지게 된다. 니체로서는 분명히 괴로운 경험이었으며, 동시에 그의 '생애에서의 가장 황홀한 꿈'을 주었던 시기였다.

　44세 가을 토리노에 온 니체에게는 이미 정신 착란의 증세가 나타나기 시작하였다. 토리노의 하숙에서는 유리 포트의 물을 3, 4통이나 하루에 마셔 하숙집 주인 아주머니를 놀라게 하였다. 그리고 얼마 안 되어 토리노 광장에서 졸도하여 혼수 상태로 빠졌고 깨어났을 때는 광인이었다. 《디오니소스》, 《십자가에 못박힌 자》라고 서명한 편지를 많은 친지에게 보냈다.

　1889년 1월에는 친구인 오퍼베르크를 따라 바젤의 정신 병원에 입원하였다. 그리고 다음해 5월에는 어머니를 따라 나움부르크로 돌아왔다. 그러나 1897년에 어머니가 사망하여 누이가 니체를 바이마르로 옮겼다. 그리고 2년 후인 1900년 8월 25일 진행성 마비증(뇌매독)으로 56년의 생애를 마쳤다.

니체

토리노의 알베르트 광장에서 졸도한 이래 12년이 경과하였지만, 그의 정신은 결국 광기로부터 깨어나지 못했다.

듀이

John Dewey

(1859~1952년)

    남북 전쟁이 발발하기 2년 전인 1859년 존 듀이는 뉴잉글랜드 지방 버몬트 주 벌링턴에서 탄생하였다. 식료품점의 3남으로 그는 건강하게 자랐으며, 전쟁이 시작되자 부친은 기병대 하사로 종군하였다. 이 아버지는 무학이지만 영국의 고전 문학을 애독하였고 자랑스럽게 아들들에게도 들려 주었다. 유머을 좋아한 활발한 남자로 아이디어가 풍부하여 광고문 등을 만드는 특기도 있었다고 한다. 어머니는 아버지와는 대조적으로 부유한 가문의 출신으로 그런 대로 교양이 있었다. 어쨌든 그녀는 교육열이 높아서 자녀들을 착실히 가르치는 것을 생의 보람으로 여겼다. 어떻든 양친 모두 청교도 개척 이민의

듀이

혈통을 이어받았기 때문에 그 활력에 가득 찬 프론티어 정신은 소년 듀이의 기질에도 흐르고 있다. 어린이들은 항상 일을 거들고 그 아르바이트 임금으로 동심의 의욕과 프라이드를 북돋우는 것이다. 더구나 식료품 판매라고 하는 서민적 분위기는 듀이의 소박한 인품과 사상의 보이지 않는 저류로 생애에 걸쳐 존속하게 된다.

15세에 고등학교를 졸업한 소년 듀이는 버몬트 대학에 진학하여 어학·역사학·수학이나 자연 과학 그 밖의 강의를 듣는다. 그 중에서도 진화론의 수업은 그에게 깊은 감명을 주었다.(덧붙여서 다윈의 ≪종의 기원≫이 세상에 나온 것은 듀이가 탄생한 1859년이었다). 전통적 종교 신앙과 최신 과학의 충돌을 피해 그 모순 배반을 이론적으로 해소하는 일이 당시의 교양인으로서 초미의 사상 과제로 되어 있었다. 듀이도 그 예외는 아니었으며, 그의 경우는 반드시 이 종류의 난문(難問)에 심각하게 번민한 것은 아니고, 오로지 학문적 흥미에서 몰두하는 정신적 여유가 있었다고 말할 수 있다. 대학 도서관이 들여오는 영국 잡지를 통해 그는 유럽에서의 격렬한 사상 논쟁을 자세히 알고 있었다. 듀이의 철학적 관심이 싹튼 것도 틀림없이 이 청년기였다는 사실은 그 자신의 회상기로도 분명히 하고 있다. 최종 학년인 4학년이 되어 토리 교수로부터 심리학이나 종교 철학의 수업을 받았다. 교수가 설명한 스코틀랜드과 철학을 중개로 하여 듀이는 독일 관념론이나 영국 경험론에 대해 이해의 폭을 넓혔다. 또 이 무렵에 사귄 콩트의 실증주의도 학문과 사회의 상호 관계에 대한 그의 착상에 커다란 영향을 주게 된다.

발군의 성적으로 대학을 졸업한 후 교사 생활을 하면서 듀이는 처녀 논문 <유물론의 형이상학적 가정>(1882년)을 썼다. 이 논문은 권위 있는 하리스

듀이

 박사에게 인정을 받아 미국의 유력한 <사변 철학 잡지>에 게제되었다. 더욱이 하리스 박사로부터 별도로 두 개의 논문 집필을 의뢰받는 행운이 따랐다.

 전문 철학자로 입신하려고 결심한 그는 정신을 차리고 본격적인 공부를 하려고 존스 홉킨스 대학의 대학원에 들어간다(1883년, 23세). 세상의 실정과 듀이의 장래를 염려한 대학 총장은 입학 후의 진로 변경을 그에게 충고하였지만, 그런 충고 정도로 젊은 철학도의 정열은 식을 리가 없었다. 그 곳의 철학 교실에서도 그는 또다시 유럽 사상에 대해 진지하게 배울 기회를 얻었다. 정진한 보람이 있어서 그는 재학중에 <칸트의 심리학>(1884년)이라는 타이틀로 철학 박사 학위를 획득하였다. 다만, 이 학위 논문은 제목만 전해지고 가장 중요한 내용은 현존하지 않는다.

 대학원 수료 후 듀이는 24세에 미시간 대학의 전임 강사로 다시 교단에 섰다. 이 동안 이웃해서 살던 여학생과 사귀게 되어 26세에 결혼하였다. 현명한 부인 앨리스의 조력을 받아 그의 독자적인 사상 형성이 시작됨과 동시에 놀랄 만한 기세로 논문을 대량 생산하였다. 그 엄청난 초고는 손으로 쓴 것보다는 그의 자랑인 타이프로 친 것이라고 한다.

 듀이는 사생활에서도 부친에게서 물려받은 활발한 남자였다. 그는 사회적 지위에 얽매이지 않고 자유 분방하게 행동하였으며, 나이를 먹어서도 개의하지 않고 화려한 스타일을 착용하였다. 양친으로부터 물려받은 개척자 정신은 그의 낙천적이며 불퇴전의 생활 방식이나 사고 방식과 따로 뗄 수가 없다. 무엇보다 인간의 실생활을 존중하는 그로서 상아탑 아카데미에서의 심오한 사색 등이 성미에 맞지 않는 것은 당연하였다. 탁상 위의 공론을 싫어한 그는 진리라고 하는 것을 실인생의 경험과 성장 중에 올바르게 위치를 부여하려고

듀이

하였다. 환경에 작용하는 인간의 생명 활동이야말로 가치 판단과 사실 판단을 유기적으로 통합할 수 있다고 듀이는 생각한 것이다.

이리하여 '절대주의로부터 실험주의로'라는 사상 혁명의 패기와 그의 정력적인 문필 활동과 사회 행동이 사람들의 화제를 집중시키게 된다. 미시간 대학 주임 교수를 그만두고 시카고 대학으로 초청된 그는 그 부속 국민학교의 책임자도 겸임하였다(1896년). 이 통칭 '듀이 학교'에서는 그의 지도에 따라 교육상의 다양한 실험이 선진적으로 실행되었다. 1904년 컬럼비아 대학으로 옮기고부터는 그의 교육이나 정치에 대한 열의가 이상할 정도로 높아졌다. 각 방면의 조합이나 정치 단체와 접촉을 하고 강연이나 가두 데모 등을 통해 자신의 사상 신조를 실제로 테스트하였다. 그의 만족할 줄 모르는 연구 의욕은 해외로도 향해, 일본·중국을 방문하거나 터키나 소련의 교육 사정 시찰단에 수행하는 등 그 활약은 지극히 다채로웠다. 1919년 부인 동반하여 일본에 온 듀이를 환영한 것은 관립 대학이 아닌 사립 대학이나 일반인들이었다. 국가적 권위의 상징인 제국 대학 등의 학풍에는 부처의 솔직한 자유주의적 무드와 어울리지 않는 모양이었다. 중국 체재중 듀이는 그 민족주의에 신선한 감동을 받아 전후 3년간에 30편의 논문을 발표하여 중국의 정치와 경제에 정신적인 지원을 보냈다.

듀이가 70세인 1930년 뉴욕시의 월가에서 발생한 공황은 곧 전 미국의 경제계에 큰 쇼크를 주었다. 거리에 실업자가 넘치고 사회적 혼란은 최고조에 달했다. 노령이었지만 공전의 대혼란에 듀이는 타고난 프론티어 정신을 십이분 발휘하여 국면 타개를 위해 적극적으로 노력하였다. 그는 라디오 강연에서 열변을 토하고 루즈벨트 대통령의 뉴딜 정책에 미국민이 적극 협력하도록 호

듀이

소하였다.

앨리스 부인을 잃고 잠시 독신 생활을 한 듀이는 제2차 세계 대전 종결 후인 1946년 재혼하였다.

듀이의 학문적 더욱이 사회적 활동은 정력적으로 여러 갈래에 걸쳤다. 그는 구태 의연한 정신 생활과 신흥 물질 문명의 이반이야말로 세상의 중산 계급의 혼미와 위선을 만들어 낸다는 사실을 간파하였다. 그리고 산업 혁명에 알맞은 대담한 '철학의 개조'(이것은 방일 강연 주제였다)가 필요한 것이었다. 버트란드 러셀은 호의와 존경의 뜻을 포함하여 '듀이 박사가 기다리고 있는 견지는 특히 그 특색있는 부분에 있어서 산업주의와 집단적 기업의 시대에 조화되고 있다. 그가 미국인에 대해 가장 강력하게 호소하는 것을 지니며, 또 그의 사상이 중국이나 멕시코 같은 나라에 있어서 진보적분에 의해 미국인의 경우와 거의 같은 것으로 높이 평가되고 있는 것은 당연하다'고 해설하고 있다. 그러나 듀이 자신은 이런 특징이 크게 불만인 것 같았다. 그는 즉시 '프래그머티즘의 인식론을 미국 산업주의의 기피해야 할 모든 양상과 연결시키는 러셀 씨의 상습적인 버릇은 ······ 마치 내가 러셀 씨의 철학을 영국의 지주 귀족의 이해와 연결시키려고 하는 것과 같다'고 응답하고 있다.

듀이가 영면한 것은 1952년 92세의 초여름이었다. 뉴욕 타임스 사설은, '두 사람의 대학 교수가 철학에 새로운 생명과 이 과학적인 시대에 어울리는 치장을 한 것으로 빛나고 있다. 그것은 윌리암 제임스와 존 듀이이다. 양자 모두 프래그머티스트였으며, 두 사람 중에서도 존 듀이가 미국 철학에 대해 보다 큰 영향을 미쳤다······.'

라고 듀이의 죽음을 애도하고 있다.

슈바이처

Albert Schweizer

(1875~1965년)

　알베르트 슈바이처의 일생은 고고한 이상주의로 인도되어 있다. 1926년 여름 괴테 상의 수상식에서 그는 다음과 같이 인사하고 있다.
　'……우리들은 괴테의 정신으로부터 다음과 같은 것을 배워야 합니다. 첫째로 우리들은 현대의 물질 중심적인 경우와 싸워 정신성을 유지해야 합니다. 둘째로 우리들은 외면적인 것에만 관심을 갖지 말고 내면화의 길을 찾아내야 합니다. 셋째로 우리들은 우리 자신과 다른 모든 것과 싸워야 합니다. 왜냐하면 현대는 인간성을 상실해 버린 시대이기 때문입니다. 우리들은 그 전쟁을 통해 또 한 번 18세기의 위대한 인간성의 이상을 지키고, 이 이상을 현대의 사상에 이입하여 그것을

슈바이처

실현하도록 해야 합니다.'

다만, 그가 '이상주의는 로맨틱한 것이어서는 안 된다'라는 건실한 신념을 가지고 있었던 점을 우리들은 덧붙여야 한다. 화려한 영웅주의가 아니고 충실한 이상주의야말로 이 《밀림의 성자》의 불굴의 인내와 정진을 지탱하고 있었기 때문이다.

1875년 알자스 지방 카이제르스부르크에서 태어난 슈바이처 소년은 말이 없고 내성적이었다. 부친이 목사였기 때문에 이 소년은 평소부터 교회에서의 예배나 설교에 신비적 감동을 느끼면서 성장하였다. 10세가 되어 김나지움에 들어갔지만, 학업 성적이 불량하여 가족을 실망시켰다고 하지만, 그의 독서 의욕은 상당히 왕성하였다. 또 때때로 몽상에 잠기는 것을 즐겼다고 한다.

1893년(18세) 가을에 슈트라스부르크 대학에 들어간 슈바이처는 신학과 철학을 전공하였다. 그는 여기서 당대의 일류 교수들로부터 성서 연구나 철학사의 강의를 받게 된다. 그 무렵 그는 파리의 거장 위도르 밑에서 파이프오르간 연주를 배우기 시작하였다. 후에 슈바이처의 명저 《바흐》도 위도르의 시사에 의한 것이라고 한다. 그 후 <칸트의 종교 철학>(1899년)이라는 논문으로 학위를 얻고, 게다가 성 니콜라이 교회의 부목사로 임명되었다. 이어서 성서의 새로운 해석을 발표하여 학계에 파문을 던지는 동시에 신학과 강사의 신분으로 된다. 그의 전도에 보통 사람 이상의 행복이 약속된 것도 당연하였다.

그렇지만 젊었을 때부터 '나는 30세까지는 학문과 예술을 위해 살 것이다. 그 이후에는 직접 인류에 봉사하는 길을 갈 것이다'라는 포부를 슈바이처는 가슴에 품고 있었다. 1904년 29세의 가을 어느 아침, 그는 자신의 후반생을

슈바이처

적도 아프리카의 흑인에게 바치려고 결심한다. 주위의 냉소를 받으면서 그는 의학생으로 되어 대학에 다녔다. 교관, 목사, 학생의 3중 생활로부터 오는 과로는 이만저만이 아니었다. 그런 때 그의 심신을 지탱하여 준 것이 헬레네 브레슬라우 양이었다. 1912년 두 사람은 결혼하고, 다음해 암흑의 대륙 아프리카로 여행을 떠나게 된다.

《물과 원시림 사이에서》(1921년)는 슈바이처 부처의 아프리카행을 웅휘한 필치로 스케치하고 있다. 도착한 날부터 환자들이 몰려들어서 부처는 임시 변통으로 닭장을 개조하여 병동으로 하였다. 휴식할 틈도 없이 그들은 병원 건물을 마련하는 작업에 매달렸다. 그러나 현지인의 태업에는 슈바이처도 초조함과 분노를 금할 수 없었다. 그는 환자들에게 진료에 대한 감사의 표시로 그에 상응한 보수를 엄격하게 요구했다고 한다.

1914년 세계 대전이 일어나 전화는 아프리카 대륙에도 파급되었다. 수용소 생활을 어쩔 수 없이 하게 된 슈바이처는 완전히 건강을 해치게 되고 식량 사정의 악화로 병원 경영도 부채가 늘어났다. 그런 어느날 강을 내려가던 도중에 돌연 그는 영감이 떠오르면서 '생명에 대한 외경'이라는 하늘의 계시를 듣는다.

전쟁은 끝났지만, 그의 용태는 몹시 참혹하여 급히 유럽으로 돌아가 수술을 받을 수밖에 없는 상태였다. 고지식한 그는 고향 스트라스부르의 병상에서도 차용금 변제 때문에 괴로워하였다. 옛 친구의 격려로 간신히 기력을 회복한 슈바이처는 재출발하기 위한 자금 조달 목적으로 강연 여행이나 연주회로 분주하였다. 분발한 보람이 있어서 기분을 일신한 부처는 여장을 마련하여 아프리카 대지를 오래간만에 밟을 수 있었다.

슈바이처

예상 밖으로 황폐해진 랑바레네 병원을 재건하는 일은 몹시 힘들었다. 자재 부족은 인력으로 보충하는 수밖에 없었다. 의료는 젊은 의사에게 맡겨 버리고 박사는 현장 감독처럼 호령하면서 진두 지휘를 하였다. 콧수염을 길러서 일견 무뚝뚝한 박사는 환자라고 해서 결코 용서하지 않고 걸어다닐 수 있는 사람은 모두 협력해서 일하도록 요청하였으므로 곧 현지인의 불평을 샀다.

슈바이처의 마을 사람들에 대한 노력도 실은 전혀 효과가 없었다. '생명에 대한 외경'의 창도자 슈바이처의 한탄은 컸다. 그의 요구에 질린 사람들은 명령을 무시하고 태연하게 낚시를 가기도 했다고 한다. 지도에 따르지 않고 의도대로 움직이지 않는 마을 사람들 앞에서 머리를 감싼 인간 슈바이처의 고민하는 모습이 떠오른다. 완고한 반항에 처치 곤란한 그가 부득이 벽돌 만들기를 단념하면 흑인 세력은 환성을 올릴 뿐이었다고 한다.

의료면에서 또 하나의 고민은 사망 직전의 환자 처치였다. 병원으로서도 환자에게 손을 쓰지도 못하고 안락사로 유도하는 것이 고작이었다. 그런데 아프리카인은 남의 사체 처리를 극도로 기피하는 습관이 있다. 그래서 뒤처리인 매장은 근처의 백인 선교사들이 떠맡아 운반하게 된다. 부득이 백인이 신의 은총에 감격의 눈물을 흘리며 무덤을 파는 사람으로 변신한 것이다.

어쨌든 백인과 흑인의 뿌리 깊은 항쟁은 끝없이 계속되었다. 어느날 슈바이처는 쓴 웃음을 지으며, '백인은 흑인의 노예다'라고 측근자에게 말했으며, 이 말이야말로 그의 거짓없는 심경을 여실히 전하고 있다.

1954년(79세) 그의 명예는 노벨 평화상으로 빛났다. 그 자신이 '나는 평화 문제에 대해 특별히 새로운 것을 말하는 것은 아니다'라고 사절하고 있는 것과 같이 기념 연설인 <현대에서의 평화 문제>에는 이것이라고 할 만한 새로운

슈바이처

내용은 보이지 않는다. 원래 말이 없는 그는 '말하지 않고 끝난다'라는 이유 때문에 의사를 지원했다고 한다. 음악적으로 말하면 완고한 그는 조화를 존중하는 오케스트라 연주에는 적당하지 않고 역시 파이프오르간 독주에 어울린다. 끊임없이 방문하는 저널리스트들이나 쇄도하는 기사의 주문은 무엇보다 그를 괴롭혔다. 미국에 갔을 때 시카고 시민으로부터 열광적인 환영을 받은 박사는 하늘을 우러러 장탄식을 했다고 한다. 이제 '흑인에게 돌아가야 할 때가 왔다……'. 선동적인 아메리카 문화는 그에게는 인연이 먼 별세계였다.

일찍이 최초의 미국 체재 후 슈바이처는 '학문과 예술의 세계를 버리고 원시림으로 뛰어나간 것이 옳다는 사실을 나는 확실히 이해하였다'라고 술회한 일이 있다. 틀림없이 이 확신이야말로 그의 생애를 일관하여 고고한 프라이드의 초석이었다고 생각된다.

람바네레에 온 지 50년이 되어 슈바이처도 90세의 노인이 되었다. 1965년 9월 4일 심야에 적도 아프리카 밀림에서 바흐의 곡이 흐르고 있었다. 그 장중한 음색에 실려 금세기의 성자는 조용히 타계하였다. 옥외에는 그를 사랑하고 괴롭혀 온 수백명의 주민들이 무언의 기도를 올리고 있었다.

야스퍼스

Karl Jaspers

(1883~1969년)

　현대 세계에서 자연 과학은 우리들의 생활에 필요 불가결한 것으로 되며, 어떤 의미에서 생활의 기반으로 되어 있다. 그것은 앞으로도 지금까지 이상으로 세분화와 고도화의 길을 더듬어 갈 것이다. 그러나 한편으로 그러한 생활의 합리화가 진행되는 반면, 다른 편인 자연 과학은 현대인에게 미신화되고 더욱이 경멸의 대상으로 되는 중이다. 과학 만능이라면 사람은 움직일 수 없는 것은 없다는 착각에 빠지고, 일단 그 폐해를 받으면 그때는 반대로 과학은 경멸당한다.

　현대 실존 철학의 제1인자로 공인된 야스퍼스는 인생 전반의 대부분을 정

야스퍼스

신병리학자로 지냈으며, 과학이란 무엇인가, 인간이란 무엇인가, 그들의 상위와 대결의 문제에 몰두하였다. 이제 기술한 바와 같이 보통 우리들에게 친숙한 과학적 세계와 인간과의 관계, 그것이 그의 일생의 연구였다고 말해도 좋을 것이다. 근대 이후 과학적 지식은 대상이 무엇인가를 문제로 삼아 왔지만, 그 대응 방법은 항상 그것의 객관적 타당성이 중요시되고, 그 결과 비현실적이며 추상적인 것밖에 되지 못했다. 그런 방법으로 보는 한 무로밖에 받아들일 수 없는 인간의 실존, 이 실존은 무엇인가? 실존은 '결코 객관적으로 되지 않는 것', 비대상적인 것, 그 의미로 나만의 것이다. 이런 실존의 탐구야말로 철학의 과제이며, 그것은 또한 생의 근저, '한계'에서 느껴 이해된 것을 비추어 보는 일이기도 하다. 키에르케고르 이후 철학상의 근본적인 진리라고 간주되어 온 실존을 야스퍼스는 자신의 철학적 세계에서 보다 면밀한 방법으로 전개하여 보인 것이다. 야스퍼스의 전기를 알려는 경우 이상과 같은 대략적인 묘사를 염두에 넣어 두어야 한다.

야스퍼스는 독일의 북해 근처 소도시 오르덴부르크에서 태어났다. 이름이 같은 아버지는 지사에서 은행장으로 된 사람으로 이 점에서 야스퍼스는 어렸을 때부터 생활 환경에 혜택받았다고 말할 수 있다. 프로테스탄트를 종지로 하는 그의 가정은 종교면에서 자유로운 분위기를 만들어 내며 신앙보다는 이성을 중시하였다. 그렇다고 하더라도 야스퍼스의 소년기에는 이성이 신앙을 소멸시켰다고 하는 것은 아니다. 그렇지는 않지만 자유로운 가정 환경에 흔히 있는 제도적으로 의식적인 종교관의 거부, 즉 주체적인 철학적 신앙이 그 무렵부터 그를 붙들고 있었다고 하는 것이다. 의심스러운 것, 불합리한 것과 타협하는 일을 극도로 싫어한 그의 성격은 1892년(9세)부터 1901년(18세)

야스퍼스

까지 취학한 김나지움의 생활에서도 판단된다. ≪철학적 자서전≫(1957년)에는 이에 관한 그의 추억이 실려 있다.

어느날 그는 교육 제도와 부당하게도 학교에 도입되어 있는 군사 교련과는 전혀 별개의 것이라고 주장하였다. 이 사실을 안 교장은 그에 대해서 이 주장은 그의 가정의 특유한 반역 정신에서 나온 것이라고 비난하였다. 이 트러블은 출신 계급에 따라 세 가지로 나뉜 폐쇄적인 생도회에 야스퍼스가 들어가려고 하지 않았다는 이유도 있어서 점점 커다란 것으로 되었다. 이것을 기회로 교장은 그의 태도에 어딘가 정치적인 면이 있다고 교관들에게 주의를 게을리하지 말도록 명령하였다. 평소 사이가 좋은 급우도 이때 군국주의에 동조하고 있었기 때문에 누구도 그에게 가세하지 않았다. 그 이후 그는 완전히 주변 사람으로부터 고립되어서 휴가중에는 혼자 아버지가 빌려 준 수렵장에서 고독을 달랜 것이다.

이 체험에 의해 그가 마지못해 배운 고독감은 어느 면에서는 그에게 내면적 자유의 힘을 주었지만, 다른 면에서는 반대로 지금까지 이상으로 다른 사람과의 커뮤니케이션을 갈망하게도 만들었다. 그리고 그와 동시에 자신이 결연히 한 행동적인 반항에서 멀어지고 소극적인 인종의 길에 머무르지 않을 수 없는 인간인 것을 그에게 가르쳤다. 그것은 그에게 있어서 최초의 충격이었으며, 그때부터 자신은 성실하게 행동할 수는 있어도 영웅적인 행동은 할 수 없다는 교훈과 함께 그의 인생에 중대한 영향을 주었다.

그에 덧붙여 이 사건과 관련되어 그의 생애를 결정한 커다란 체험, 즉 부인 게르트루트와의 만남은 야스퍼스 전기에 빠뜨릴 수 없을 것이다. 18세에 김나지움을 졸업한 그는 하이델베르크 대학에 입학하여 변호사를 목표로 하여

야스퍼스

법과를 선택한다. 그러나 전문인 법률학에는 전혀 흥미가 솟지 않아서 다음해 의학과로 전과한다. 제1차 대전 전야의 유럽이 번영의 그림자에 숨어 있는 사회적 위선과 심적 퇴폐가 야스퍼스를 불안하게 하였던 무렵이다. 이러한 마음의 상태는 현실에 보다 접근하여 '있는 그대로의 사실을 아는' 것을 어쩔 수 없이 한다. 그것이 전과하는 동기였지만, 뜻밖에 이 의학의 길은 그에게 과학적 인식의 의미를 문제삼게 된다. 이 때문에 철학은 과학적 인식의 한계와 좌절 뒤에 오는 비약이라는 가르침을 받아들이는 것이다. 앞에서 기술한 바와 같이 그의 문제 의식 중에는 항상 과학과 실존적 인간의 구별과 관련이 제기되고 있었지만, 그것은 30세에 비로소 접한 키에르케고르와 막스 베버의 죽음(1920년)에 영향을 받은 바가 컸다.

  이러한 학문상에서의 사상가와의 만남과는 별도로 실존적인 만남도 또한 이 무렵 이루어졌다. 앞에서 지적한 부인 게르트루트와의 만남이다. 그것은 그 자신이 말한 '인간은 다만, 다른 실존과 함께 할 때만 실존으로 될 수 있다'라는 사상으로 승화된다. 그가 처음 이 유태인의 피를 이어받은 게르트루트와 만난 것은 1907년(야스퍼스 24세)이었다. 그녀는 철학을 전공하고 있었고, 그런 까닭에 서로의 관심도 강했고, '최초의 순간부터 우리들 사이에는 뭐라고 말할 수 없는 결코 있을 수 있는 것으로 예기하지 못했던 공감이 울려 퍼졌다'인 것이다. 그녀에게는 여러해 정신병에 시달린 한 사람의 자매가 있었다. 그것을 그녀는 자신의 운명으로 느끼고 있었고, 그 때문에 우울한 나날을 보내고 있었지만, 결코 기가 죽지 않고 괴로움과 싸웠다. 이 광경은 자신의 병에만 얽매이고 그 밖의 일에서는 지극히 천진 난만한 인생을 지내 온 야스퍼스에게 그의 철학을 변화시킬 정도로 인상이 강한 것이었다. 그리고 그때 '무명의

야스퍼스

암흑과 부단의 위기 의식은 피할 도리가 없는 긴박감을 만들어 냈다. 그러나 이런 사태에서 실제로 이제 여기에 마침 그 자리에 있는 것의 무한한 행복이 싹튼 것이다.'

이런 두 사람의 커뮤니케이션에 의한 '사랑의 투쟁' 결과 그들은 결혼을 단행한다. 게르트루트와의 만남은 단순히 심정적 결합을 초월하고 있다. 요컨대 그녀가 유태인이었다고 하는 무거운 역사적인 사실이 더욱이 두사람의 인생에 시련을 가한 것이다.

33세에 야스퍼스는 심리학의 정원 외 교수로 되었고, 39세에 철학과 교수로 하이델베르크 대학에 취임한다. 그러나 1937년 나치스 독재 정권이 확립되는 동시에 나치스 정부는 야스퍼스에게 유태인 부인과 이혼하든지 아니면 교수를 사임하든지 양자 택일을 강요하였다. 실존적 교제를 성실하게 지켜 온 그로서 취해야 할 길은 물론 교수의 사임이었으며, 그런 실존의 영역까지 관여하는 강력한 체재에 대한 분노의 표현은 그 이후 재야에서 '벙어리와 같은 침묵'뿐이었다. 그러나 그것은 우리들이 알고 있는 엄격한 과거의 역사가 가르치는 바와 같이 설령 소극적인 형태였다 하더라도 실제 상황 내에서의 실존적 결의로서는 그의 실존 철학의 진가를 묻기에 적당한 시금석이었다.

그의 침묵은 8년간 계속되었다. 전쟁이 끝나고 1948년 오랫동안 살았던 하이델베르크를 떠난 야스퍼스는 스위스 바젤 대학 철학과 주임 교수로 된다. 전시중에 얻은 '한계 상황'의 체험은 그를 전후 세계의 상황 분석으로 몰고 간다. 《현대에서의 이성과 반이성》, 《원자 폭탄과 인간의 미래》 등의 저작에는 그러한 현대의 정치와 철학과의 문제 상황이 기술되었다. 세상에는 핵병기의 폐기나 평화 공존을 외치는 정치가는 많지만, 그 진실한 본연의 자

야스퍼스

세를 조금이라도 실현하는 사람은 없다. 다른 편으로 일반 대중은 실속은 핵 문제가 어떻게 관련되는가는 알려고도 하지 않고 단지 표면적인 평안 속에서 허무하게 되어 있다. 이러한 전후의 위기 분석을 통해 그는 인간의 실존에 각성을 촉구하였다.

언뜻 보기에 소극적이라고 생각되는 그의 시대에 대한 저항도 그렇다고 해서 무시될 수 없는 문제를 제기하고 있다. 그의 인생은 모두 성실하고 건실한 걸음으로 유지되어 있는 것이다. 실존과 이성이라는 본래 완전히 모순하는 것을 통일하는 고난의 길, 그것을 그의 소년 시절 이후의 체험, 그 자체를 반영하고 있다고 말할 수 있을 것이다. 야스퍼스는 1969년 86세로 이 세상을 떠났다.

하이데거

Martin Heidegger

(1889~1976년)

근대라는 시대가 인간에게 역점을 두는 자연 과학과 기술 혁신을 낳은 시대였다고 한다면, 현대란 바로 이 근대의 유산이 초래한 폐해를 치유하는 시대라고 말해도 좋을 것이다. 과학과 기술이란 이론화 작용과 실용화 작용이라는 상위는 있어도 어느 것이고 인간에 의한 폭력적인 자연 파괴를 야기하기 위한 수단으로 되어 왔다. 그런 결과를 이끌어 낸 원인이 인간의 자신의 힘에 대한 과신과 방종에 있다고 하는 반성은 우리들의 일상 도처에서 말하고 있다.

너무나 유명한 《존재와 시간》의 저자 하이데거는 그런 현대적 상황을 극복하는 시점에 서서 깊은 사색의 쌓아 올림을 거치면서 현대 철학에의 문을

하이데거

연 철학자이다. 근대 철학의 개조 데카르트가 개척한 세계관은 주관과 객관, 인간과 자연의 대립적 구성으로 성립되었다. 이 도식을 인식론적 시점에서 체계화한 것은 칸트이다. 그러나 이 관념적 조립은 앞에서 기술한 바와 같이 현실 세계에서는 자연의 파괴를 초래하고 다시 주관·객관의 이원론의 재검토를 철학에 강요해 온 것이다. 인간의 자립성과 인간으로부터 독립한 자연을 체로 쳐서 다시 한 번 인간과 자연과의 바른 관계, 주객 이전에서 존재의 본연의 자세를 찾는 일, 소위 존재론의 문제가 하이데거를 붙잡았다.

하이데거의 철학적 활동은 최근까지 지속되었고, 따라서 그의 저작도 방대한 양에 달하고 있다. 그러나 그의 저작 활동은 눈부시지만, 그 자신에 관한 전기(傳記)다운 전기는 거의 없다고 해도 좋다. 원래 하이데거 자신이 이러한 사생활을 폭로하는 전기적 저서를 세상에 내는 일은 극도로 싫어했다고 하며, 그의 철학을 연구하는 학자의 저서 중에는 《전기가 없는 사람》이란 장(章)까지 마련한 예도 있을 정도이다. 이것은 반대로 말하면, 그의 철학적 저서에 나타나고 있는 하나 하나의 용어 중에 그의 생활 체험이 담겨져 있다고 하는 추측이 허용될지도 모른다. 어쨌든 실존 철학을 표시하는 다른 철학자 야스퍼스, 사르트르들과는 달리 하이데거의 경우 '전기가 없는 철학자'라는 인상은 당분간 없어지지 않을 것이라고 생각된다.

사실이 그렇기 때문에 여기서는 간단한 하이데거의 약력과 인품을 그리워하는 약간의 에피소드를 소개한다.

하이데거는 1889년 9월 26일 도나우 강 상류와 바덴 주의 중간에 위치하는 인구 4천 명의 마을 메스키르히에서 태어났다. 아버지 프리드리히는 성 마르틴 성당의 당지기로 사원의 탑이나 시계나 종을 관리하였으며 통장이었

하이데거

다. 어머니 요한나는 남편의 과묵한 성격과는 반대로 활달한 사람이었다고 한다. 양친은 모두 카톨릭 신자이며 그들 사이에는 하이데거 외에 차남 프리츠와 장녀(일찍이 사망하였다)가 있었다. 근소한 그를 찍은 사진 중에는 가족과 함께 스키를 즐기는 한 장의 사진이 있다. 스포츠 중에서도 특히 스키를 즐겼다. 그리고 소년 시절에는 고향 메르키르히를 더없이 사랑하였다. ≪숲길≫(1949년)이라는 철학시는 가난한 시절 사람들의 고향을 나타내려고 한 것인 동시에 그 자신의 고향에 대한 생각을 노래한 것이다. 그 중의 일절은 다음과 같다.

'엔리트로부터 길은 호프가르텐 성문으로 되돌아온다. 마지막 언덕을 넘어 길을 가는 끈처럼 완만한 경사면 가운데를 성벽 쪽으로 이끌어 간다. 좁은 숲길은 별빛 중에 희미하게 빛나고 있다. 성 뒤에는 성 마르틴 성당의 탑이 솟아 있다. 느릿하게 망설이는 것처럼 11시를 치는 종소리가 밤중에 울리면서 사라져 간다. 이 낡은 종은 짓궂은 어린아이 시절 손바닥이 뜨겁게 벗겨질 정도로 그 줄을 잡아당긴 일도 있었다.'

14세에 콘스탄츠의 김나지움에 입학하였고, 17세에 베르톨트 김나지움으로 전학하였다. 20세에 프라이부르크 대학에 입학하였다. 이 무렵부터 니체, 도스토예프스키, 키에르케고르, 릴케 등의 사상에 접한다. 25세에 <심리주의에 있어서의 판단론>(학위 논문)을 간행한다. 이 해에 제1차 세계 대전이 시작된다. 지원병을 신청하였지만 병 때문에 제대한다. 26세에 프라이부르크 대학 사강사가 된다. 27세에 ≪둔스 스코투스의 범주와 의미에 관한 학설≫을 출판하였고, 28세에 결혼한다. 30세에 후세를과 친하게 교제한다. 34세에 마르부르크 대학에 정교수로 취임한다. 37세에 ≪존재와 시간≫을 67세

하이데거

생일을 맞은 후세를에게 헌정한다. 38세에 《존재와 시간》을 출간한다. 39세에 프라이부르크 대학 교수가 된다.

44세에 프라이부르크 대학 총장으로 취임하며 하이데거의 나치스 입당을 나치스 기관지가 발표한다. 취임 연설은 <독일 대학의 자기 주장>이다. 45세에 총장을 사임한다. 56세에 전쟁 종결과 동시에 나온 점령군의 정책에 따라 교직에서 추방된다. 이후 많은 저술을 하였다.

이상이 지극히 간략한 하이데거의 자취이다. 앞에 기술한 바와 같이 그에게는 전기다운 전기가 존재하지 않지만, 여기에서 약간의 에피소드 중 하나를 들어본다. 그것은 후세를과 하이데거의 만남과 이별에 대한 것이다. 현대에서는 이미 하나의 철학 조류로 되어 있는 현상학을 학문으로 성립시킨 최초의 사람이 후세를이다. 많은 제자를 낳았고 사르트르 등을 육성한 이 현상학자와 하이데거의 만남은 1916년에 시작되었지만, 그들의 철학적 사제 관계는 1923년(마르크부르크 대학 교수 취임)까지 계속된다. 이미 본 바와 같이 이 뒤에 스승의 현상학을 토대로 하면서 《존재와 시간》의 준비에 착수하고 이것을 누구보다도 존경하는 후세를에게 바칠 무렵의 하이데거의 모습이 그대로 그들의 깊은 관계를 나타내고 있다. 후세를도 하이데거야말로 자신의 철학을 물려받을 유일한 제자로 생각하였던 모양으로 후계자의 증표를 받은 하이데거에게 프라이부르크 대학의 교수 자리를 양보할 정도였다. 그러나 《존재와 시간》이 간행된 해에 이제까지 아무런 금이 가지 않았다고 생각했던 두 사람의 사이가 갈라진 것이다. 그것은 전부터 후세를에게 의뢰되었던 《엔사이클로피디어 브리태니커》 중의 '현상학' 항목의 원고 작성으로 시작되었다. 그 협력자로 선정된 하이데거와 후세를은 처음에는 상대의 손으로 원고를 쓰

하이데거

고 그 뒤 각자가 전반과 후반으로 나누어 가필과 정정을 하여 두 번째 원고를 정리하였다. 그러나 하이데거가 첫 번째 원고에는 없었던 2, 3페이지의 가필한 부분을 최종 원고에 넣는 단계에서 책임자인 후세를이 그 대부분을 삭제해 버렸다. 이 문제는 그 뒤의 철학상 대문제를 내포한 사건으로 상호의 불만은 커다란 것이었다. 가필과 삭제라는 단순한 표현상의 문제도 각자가 철학자 생명을 걸고 있는 것이라면 그에 상응하는 입장의 견지는 피할 수 없는 것이다. 결국 그 이후 두 사람의 발걸음은 절연이라는 모양을 띠고 있었다. 그 중에서도 후세를이 제자에게 말했다고 하는 하이데거에 대한 비난도 이 일을 확실하게 하는 증거이다.

더욱이 1933년 히틀러의 정권 탈취 이후 유태계 출신인 후세를은 역사적 발자취가 나타내는 것처럼 교수 공인 명부에서 제명되고 거동의 세세한 부분까지 감시당하게 되며, 그와는 반대로 하이데거는 대학 총장 취임 연설에서 히틀러와 협조를 생각하게 하는 태도를 취하고 있다. 확실히 이것은 어디까지나 역사가 초래한 비극에 지나지 않아도 그에 의해 그들의 관계는 사상을 초월하여 어떤 종류의 생리적 반발에까지 이르렀다고 해도 좋을 것이다.

하이데거와 나치스의 관계는 현재에도 연구자 사이에서 화제로 되고 있는 중대한 문제를 포함하고 있다.

하이데거는 1976년 5월 26일에 프라이부르크에서 세상을 떠났다. 86세로 이 세상을 떠난 그는 고향인 메스키르히에 잠들고 있다.

사르트르

Jean-Paul Sartre

(1905~1980년)

　'인간은 자유의 형(刑)에 처해져 있다'라는 실존주의자 ⋯⋯의 테제는 너무도 유명하다. 사르트르가 자신의 철학적 저작과 문학적 작품을 통해 그 저변에서 일관되게 몰두해 온 문제는 이 '자유'라는 문제였다고 할 수 있다. 즉, 자유는 사르트르 생애의 알파이며 오메가이다.
　'자유의 형에 처해져 있는' 인간이란 자신이 자신을 만든 것은 아니고, 어디에서인가 태어나 현재 여기에 있으며, 이렇게 세계에 던져져 있는 한 자신이 하는 모든 행위에 책임을 지는 운명을 지니고 있는 인간 존재, 실존을 의미하고 있다. 본래 자유라는 사실에 기뻐하게 마련인 인간이 사르트르적 실존에서

사르트르

는 오히려 자유롭기 때문에 고뇌한다. 왜냐하면 인간의 사물 존재의 상태와 달리 그 자체가 있는 곳의 사물은 존재에 충족될 수 없으며, 자신의 죽음의 순간에 이를 때까지 생성의 도상에 있어서 결여된 존재에 머무르지 않을 수 없으며, 존재의 무(無)를 의식시키기 때문이다. 자유의 문제도 이 '있는 곳의 사물'인 존재와 '없는 곳의 사물', '있는 곳의 사물이 아닌' 무의 의식으로 양의적(兩義的)으로 파악된다. 그의 실생활을 살펴보면, 이 자유라는 문제로 그를 끌어당긴 근거가 명확하게 될 것으로 생각된다. 전기상의 사르트르에 대한 자유의 측면이란 무엇인가? 이것을 중심으로 그의 체험을 보자.

사르트르는 1905년 6월 21일 파리에서 태어났다. 어머니인 안느 마리의 친가는 슈바이처라는 이름으로 그녀의 친척에는 평화주의로 명성이 높은 알베르트 슈바이처가 있다.

사르트르의 자서전이라고 할 수 있는 《언어》에서 그의 소년기 생활이 여실히 나타나고 있다. '10세까지 나는 한 노인과 두 부인 사이에서 살았다'. 그의 소년기는 부친의 죽음에 의한 변칙적인 생활로 지냈다. 아버지 장 바치스트 사르트르는 시골 의사의 아들로 고등 이공 학교를 거친 해군 사관이었다. 그러나 아버지는 결혼하여 아들 사르트르가 태어나자 곧 열병으로 사망하였다. '장 바치스트는 인사도 없이 살짝 떠나서 아는 사이가 되는 즐거움을 나에게 주지 않았다'. 아버지의 죽음은 사르트르에게 커다란 사건이었지만, 그것은 비창한 의미에서의 사건은 아니고 오히려 어딘가 일종의 건조한 인상을 주는 사건이었다. 아버지를 잃는다는 것은 일반적으로 생활을 어렵게 하는 것이다. 더욱이 아버지를 잃음으로써 남겨진 가족은 한층 아버지라는 존재의 크기나 중요함을 알게 되는 것이다. 그러나 아버지를 모르는 자녀는 그런 비

사르트르

참함조차 모를 것이다. 그것이 사르트르의 경우였다. '우리들 부자는 잠시 동안 둘이서 같은 땅을 밟은 일이 있었다'라는 무감각한 표현에는 사르트르 독자의 '자유로운' 생활의 예고가 있다고 할 수 있다. 즉, '나는 복종이라는 것을 배우지 않았다'.

프로이트적으로 말하면 부친의 죽음은 초자아의 상실을 의미한다. 그렇다면 모친이 아버지 대신 억압자의 역할을 하는 것인가? 어머니는 남편의 사후 아들을 데리고 친가로 돌아갔다. 무든에 있는 이 집에는 어머니의 양친이 있었으며 모두 건전하였다. 사르트르를 양육한 부모는 이들 두 사람이었다고 말해도 좋으며, 특히 조부는 사르트르와 친밀한 관계를 지녔다. 어머니 마리는 선천적으로 어린아이 같았고 젊어서 어머니가 되었기 때문에, 소년 사르트르의 눈으로 보면 주변을 보살펴 주는 친절한 '누님'에 지나지 않았다. 친가에서 사르트르 모자는 자신들의 방을 '어린이 방'이라고 불렀다. 어머니에 대한 사르트르의 감상은 다음과 같았다. '내 방에는 젊은 처녀의 침대가 있었다. 젊은 처녀는 혼자서 자고 깨끗한 몸으로 잠을 깬다. 내가 아직 자고 있는 동안에 그녀는 욕실로 뛰어들어서 물을 뒤집어쓰고 완전히 옷을 갈아입고 돌아온다.' '그녀는 자신의 불행을 나에게 말하고 나는 동정하면서 그것을 듣는다.' 그래서 사르트르는 '내가 그녀에게서 태어났다고 어떻게 생각할 수 있는가?' 하고 골똘히 생각하였다. 따라서 어머니도 아버지와 다른 의미의 복종하는 사람이 아니었다. 그런 어머니는 사르트르가 19세일 때 재혼하였다.

이렇기 때문에 사르트르는 10세가 될 때까지 프로테스탄트인 조부가 보살펴 주었다. 조부는 이 손자를 편애하여 세상에 널리 알려진 바와 같이 그에게 손자는 보석이었다. 사르트르에게 조부는 때로는 부친 대신 초자아였으나,

사르트르

다음 순간에는 다시 그를 포옹하는 것이었다. 아마도 이런 환경에서는 사르트르가 아니고 어떤 다른 사람이라도 자유라고 느낄 것이다. 그런 분위기 속에서 독일어 교사인 조부의 서재에서 반 장난으로 난해한 서적에 접하게 된다.

그에게는 가정이라는 관념이 없어졌다. 보통 가정의 어린이는 양친의 따듯한 애정으로 보살펴지며, 또 그런 시선을 자신이 느끼면서 자기라는 존재를 인지한다. 그리고 또 그는 그런 환경에 감사하면서 자아를 확립한다. 그러나 사르트르는 언제나 '타관 사람'이었다. 어머니는 '조심해요, 여기는 우리들의 집이 아니니까'라고 말했다. 따라서 '나는 소유에 대한 감정을 가진 일이 없었다. 실제로 전혀 아무것도 나의 소유였던 것은 없었다'라고 사르트르는 말한다. 무소유자이며 손님인 것이다. 그러나 소유 의식이 없었다고 하는 것은 과연 '존재의 결여'인 것인가? 그렇다면 존재를 욕구하는 것이다. '타관 사람'은 자신이 사람의 눈을 자신에게 집중시키는 기술을 찾아내야 한다. '나의 진실도 나의 성격도 나의 이름도 성인들의 수중에 있었다. 나는 그들의 눈을 통해 자신을 보는 일을 배운다. 결국 자신이 사기꾼이라는 확신이다'. 자신을 만드는 일, 그것을 인정하는 일, 이것이 사르트르의 소년기의 과제였다. 인간이란 '자신을 만드는 것'이며, 죽을 때까지 '자신을 투기(投企)하는' 존재라는 사르트르의 유명한 테제는 그의 소년기의 노력이 초래한 것이다. 후에 저작 생활에 본격적으로 몰두하는 사르트르가 쭉 파리의 호텔에 머무른 것을 생각해 보면, 그 점에는 사르트르 소년의 고독한 자세를 찾을 수 있다. 말년 그의 자유는 '우리들은 독일 점령군 아래에 있을 때만큼 자유로운 때는 없었다'라는 적극적인 자유로 변모한다.

그는 파리의 명문교인 에콜 노르말 쉬페리외르에 입학하였는데, 특히 젊어

사르트르

서 극적인 생애를 마친 폴 니장과의 소년 시절부터의 교우는 그에게 깊은 인상을 심어 주었다. 그 평생의 반려자가 된 시몬 드 보브와르와의 해후도 그 당시의 일이다.

1933년에 베를린으로 1년간 유학, 후세를과 하이데거를 연구하였다. 1938년에는 소설 ≪구토≫가 간행되었는데, 존재론적인 우연성의 체험을 그대로 기술한 듯한 이 작품의 특수성은 세상의 주목을 끌어 신진 작가로서의 기반을 확보하게 되었다. 1939년 9월 독일에 대한 선전 포고와 동시에 소집되어 참전하였다가 이듬해에 독일군의 포로가 되었으나, 수용소를 탈출하여 파리에 돌아와서 문필 활동을 계속하였다. 장편 소설 ≪자유에의 길≫의 대부분과 ≪시튀아시옹≫에 들어 있는 수많은 독창적인 문예 평론도 전시하의 산물이었으나, 특히 1943년에 발표한 대작 철학 논문 ≪존재와 무≫는 무신론적 실존주의의 입장에서 전개한 존재론으로서 결정적인 작업이었고, 세계적으로 보아도 제2차 세계 대전의 전중부터 전후에 걸친 그 시대의 사조를 대표하는 웅대한 금자탑이라고 할 수 있는 노작이다.

1945년에 제2차 세계 대전이 끝나자, 메를로 퐁티 등의 협력을 얻어 ≪현대≫지를 창간하여 전후의 문학적 지도자로서 다채로운 활동을 시작하였다. 사르트르의 문학적 주장은 ≪실존주의는 휴머니즘이다≫에서 밝혀 두었는데, 그가 말하는 '문학자의 사회 참여'란, 그 이전의 ≪구토≫나 ≪존재와 무≫에서 볼 수 있었던 니힐리즘의 그림자가 짙은 세계관과의 사이에 비약을 느끼게 하는 것이어서, 그 사이에는 역시 전쟁의 체험에 따른 사르트르 자신의 주체적 변화가 있었다고 하여야 할 것이다.

전후부터 오늘날에 이르는 사르트르의 발자취는 이른바 '사회 참여'의 사상

사르트르

을 일관해 온 것이라 하겠으나, 특히 40년대부터 50년대에 걸쳐 그는 그때까지의 개인주의적인 실존주의에 의한 사회 참여의 한계를 인정함과 동시에 더욱 경향적인 입장을 취하게 되었다. ≪생 즈네≫는 ≪도둑 일기≫의 작가 즈네의 평전(評傳)으로 쓰면서도 개인적인 실존의 한계를 밝힘으로써 그러한 세계로부터의 탈피를 지향한 듯한 의미를 내포한 작품이었다. ≪변증법적 이성 비판≫은 그의 사상적 발전을 보여 주는 노작인데, 현대의 마르크스주의자가 동백경화증에 빠져 있는 양상에 반성을 촉구하고 있다. 이와 같은 일련의 자기 모순적인 경향성으로 말미암아 오래 전부터 친교를 맺어 왔던 친구들이 계속하여 그를 떠나게 되었고, 마지막에는 카뮈와도 절교하기에 이르렀다.

또한 사르트르는 전쟁중부터 많은 극작을 발표하여 호평을 받은 바 있는데, ≪파리≫, ≪출구 없음≫, ≪무덤 없는 사자≫, ≪더러운 손≫ 등은 그 사상의 근원적인 문제성을 내포하는 동시에 그때마다의 사르트르의 사상을 현상화한 것으로 주목할 만하다. 1964년 노벨 문학상의 수상을 사퇴하였다.

사랑의 기술

THE ART OF LOVING

에리히 프롬

에리히 프롬은 개인의 무의식층까지 파고 들어가
인간이 사랑의 능력을 상실하게 된 원인을
인간이 참된 자아를 상실했기 때문이라고 말한다.
그리고 우리가 사랑을 하려고 애써도
사랑에 실패하는 원인은 기술의 미숙성 때문이라고
지적하고 정신분석학적 입장에서
사랑의 본질을 분석하고 사랑에 대한 기술을 제시하고 있다.

도·서·출·판
다문

THE STORY OF SCIENCE

역사를 통해 본 과학문명 발전사!!

중세말기에 이르러 그때까지 정설이었던 아리스토텔레스적 체계를 비판한 어떤 사람들은
활이나 투석기에서 발사된 투사체가 왜 계속 날아가고 있는지
그리고 왜 그것이 점점 땅으로 떨어지는 것에 대해
아리스토텔레스의 설명을 더 이상 만족스러운 것으로 받아들일 수 없게 되었으며,
이를 통해 완전히 새로운 철학이
사람들의 마음에 침투해 들어갈 수 있는 길이 열리었다.

과학의 역사

허버트 버터필드외 지음

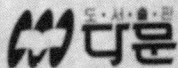
도·서·출·판 다문

LE MYTHE DE SISYPHE ESSAI SUR L'ABSURDE

알베르 카뮈

참으로 중대한 철학적 문제는 하나밖에 없다. 자살이라는 것이다. 인생이 살을 영위할 가치가 있는자 없는자를 판단하는것, 이것이 철학의 근본 문제에 답하는 것이다. 그이외의 것, 다시 말해서 이 세계는 삼차원으로 부터 이룩어지는가, 정신에는 아홉게 또는 열두개의 범주가 있는가, 하는 따위는 그이후의 문제인것이다.

시지프스의 신화

다문